P. OVIDIUS NASO

VERWANDLUNGEN

AUSWAHL

BEARBEITUNG UND NACHWORT VON
WILHELM PLANKL
UNTER MITWIRKUNG VON
KARL VRETSKA

PHILIPP RECLAM JUN. STUTTGART

Universal-Bibliothek Nr. 7711
 Herstellung: Reclam Stuttgart
Printed in Germany 1980
ISBN 3-15-007711-7

EINGANG

Körper, in andre Gestalten verändert, will ich besingen;
Götter, fördert mein Werk (*ihr* habt ja auch jene verwandelt),
Schirmend geleitet das Lied, das vom Anbeginne der Welten –
Verse an Verse gereiht – bis zu unseren Zeiten herabführt!

DIE SCHÖPFUNG

Ehe die Erde entstand und das Meer, der umhüllende Himmel,
Trug der unendliche Raum dieser Welt ein gestaltloses Antlitz,
Chaos genannt: ohne Form ein Klumpen, noch bar jeder
Ordnung,
Durchwegs träge Masse, an einer Stelle gehäufter,
Ungleichartiger Urstoff von lose verbundenen Körpern.
Strahlen spendete damals der Welt noch nicht ein Titane,
Noch erneute Phöbe im Wachsen die Sichel des Mondes.
Schwebend hing nicht die Erde in rings umfließenden Lüften,
Ausgewogen im eignen Gewicht, es hatte die Arme
Nicht noch geschlungen weit um den Rand des Alls Amphitrite;
Wie zwar die Erde sich dort schon befand und die Luft und das
Wasser,
War doch das Land nicht betretbar, nicht schwimmbar die
Fluten –
Lichtlos war noch die Luft: nichts hatte schon eigne Gestalten,
Eins mit dem anderen stritt, denn im gleichen Körper noch
kämpften
Kaltes mit Warmem, Feuchtes mit Trocknem und Weiches mit
Hartem,
Das, was keine Schwere besitzt, mit dem, was Gewicht hat.
Diesen Streit hat ein Gott und die beßre Naturkraft
geschlichtet.
Denn er trennte vom Himmel die Erde, vom Lande die Meere,
Schied vom Dunstkreis der Luft den reinen himmlischen Äther,
Als er diese entwirrt, aus dem wüsten Haufen entbunden,
Da verband in friedlicher Ruh' er die räumlich geschiednen:
Rasch erhob sich die leuchtende Kraft des sich wölbenden
Himmels,
Ohn' alle Wucht, und schuf sich Raum auf den höchsten der
Höhen;

Jenem zunächst an Lage und leichtem Gewicht sind die Lüfte;
Dichter als sie ist die Erd', in die Tiefe gedrückt durch die Schwere
Ward sie und grobem Stoff nur verbunden; aber zuunterst
Wählte den Platz das Meer, den Erdball gänzlich umflutend.
Wer von den Göttern es war, nachdem er das Chaos getrennt, und
Also getrennt und geordnet, in Schichten es hatte gegliedert,
Der hat zunächst die Erde, damit sie nach sämtlichen Seiten
Gleich und gemäß sei, zusammengeballt zu gewaltiger Kugel,
Ließ dann das Meer sich ergießen, von wilden Stürmen es mächtig
Schwellen, die Küsten umspülen der rings umbrandeten Erde;
Dann aber rief er die Quellen hervor und die riesigen Teiche,
Seen dazu, umschloß mit schlängelnden Ufern die Flüsse,
Talwärts strömend, je nach dem Laufe, zum Teile versickernd,
Manche gelangen ins Meer, geborgen in grenzlosen Fluten,
Peitschen nun statt der eigenen Ufer des Meeres Gestade.
Felder auch ließ er weithin sich breiten und Täler sich senken,
Wälder mit Laub sich bedecken und steinige Berge entstehen,
So wie den Himmel rechts zwei Zonen und auch zur Linken
Ebenso viele durchziehen – die fünfte dazwischen ist heißer –
Ebenso teilte sorglich der Gott in ähnliche Striche
Unsre umschlossene Erde, sie gürten nicht weniger Zonen.
Die in der Mitte sich dehnt, ist unbewohnbar vor Hitze;
Zwei deckt tiefer Schnee; zwischen beide legt' er zwei Gürtel,
Schenkt' ihnen, Kälte mit Wärme vermischend, gemäßigtes Klima.
Drüber schweben die Lüfte, um so viel schwerer als Feuer,
Als des Wassers Gewicht ist leichter als wuchtige Erde.
Dort nun ließ er die Nebel wie auch die Wolken sich lagern,
Ferner den Donner, um einst der Menschen Herz zu erschüttern,
Schließlich die Winde, die mit den Blitzen die Kälte uns bringen.
Ihnen jedoch überließ nicht der Schöpfer der Welt allerorten
Herrschaft über die Lüfte; doch werden sie kaum mehr behindert,

Da ein jeder sein Werk in verschiedener Richtung betreibt und
So die Welt nicht vernichtet: so groß ist die Zwietracht der Brüder.
Eurus wich zu Aurora, zum nabatäischen Reiche
Und nach Persien hin zu den Höhen im Lichte des Morgens.
Aber der West und die Küsten, gewärmt von der sinkenden Sonne,
Sind dem Zephyrus am nächsten; es nahm sich der kalte Boreas
Skythien samt dem eisigen Norden; die andere Seite
Trieft beständig aus Wolken vom Regen, den Auster ihr sendet.
Über dies setzt' er den flüssigen Äther, der ohne Gewicht ist,
Ihn, der keinerlei Spur mehr an sich hat von irdischem Schmutze.
Kaum hatt' der Gott so alles umzäunt mit sicheren Grenzen,
Als die Sterne, die lange verdeckt von düsterem Nebel,
Nunmehr am ganzen Himmel in Strahlen zu leuchten begannen;
Daß aber nirgends ein Raum lebendiger Wesen entbehre,
Setzten am Himmelsgewölbe sich fest die Gestirne und Götter,
Glänzende Fische erhielten die Flut zur Behausung, die Erde
Nahm nun die wilden Tiere, beschwingte Vögel die Luft auf.
Bisher fehlte jedoch ein Geschöpf noch, das edler als diese,
Fähiger hoher Vernunft, das die andern zu lenken verstünde.
So ward geschaffen der Mensch, es schuf ihn entweder der Welten
Schöpfer, der Zeuger des besseren Alls, aus göttlichem Samen,
Oder die neue, vom hohen Äther erst kürzlich getrennte
Erde enthielt noch Keime in sich vom verschwisterten Himmel.
Diesen mischte des Japetus Sohn mit dem Wasser und schuf sie
Nach den Ebenbildern der Götter, die alles regieren;
Während die andern Geschöpfe gebeugt die Erde betrachten,
Gab er den Menschen erhobenen Blick, um den Himmel zu schauen
Und emporgerichtet das Aug' zu den Sternen zu heben:
Eben noch ohne Form und Gestalt, ward also die Erde
Völlig verwandelt und trug die Wunderbilder der Menschen.

DIE VIER WELTALTER

Erst entstand die goldene Zeit, die ohne Behörde,
Frei und ohne Gesetz, das Recht und die Treue bewahrte.
Furcht und Strafe kannte man nicht, noch wurden gelesen
Drohende Worte auf ehernen Tafeln, nicht bangten die Menschen
Scheu vor dem Blick ihres Richters, sie waren ja ohne ihn sicher.
Nicht war die Fichte, gefällt von den heimischen Bergen, gesunken
Tief in die klare Flut, um fremde Reiche zu schauen;
Außer dem eigenen kannten die Menschen noch keine Gestade;
Nicht umschlossen damals schon jähe Gräben die Städte;
Weder die grade Trompete aus Erz noch gebogene Hörner
Waren bekannt, nicht Schwerter noch Helme; und ohne Soldaten
Lebten die Völker sorglos dahin in behaglicher Ruhe.
Frei von jeglichem Dienst, von dem Karst nicht berührt, von der Pflugschar
Nirgend verwundet, so schenkte von selber alles die Erde.
Was ohne Anbau gediehen, genoß man zufrieden als Speise,
Sammelt' des Erdbeerbaumes Ertrag und Beeren vom Berghang,
Kornelkirschen und rötliche Früchte von stachligen Stauden,
Eicheln, von Jupiters Baum, der breiten Krone gefallen.
Ewig herrschte der Frühling, mit linden Lüften umkosten
Milde Winde die Blumen, aus keinerlei Samen entsprossen;
Früchte des Felds trug bald der unbeackerte Boden,
Weiß erglänzten von vollen Ähren die Fluren, obwohl sie
Niemals gepflügt; bald flossen von Milch oder Nektar die Ströme,
Goldgelb träufelte rings von grünender Eiche der Honig.
Seit Saturn aber tief in des Tartarus Dunkel gestürzt und
Jupiter Herr dieser Welt war, folgten die silbernen Zeiten,
Weniger wert als das Gold, doch besser als rotgelbes Erz noch.
Jupiter kürzte die frühere Dauer des ewigen Lenzes,

Führte durch Winter und Sommer, durch unbeständige Herbste,
Durch einen kühleren Lenz in Vierteln die Jahre zu Ende.
Erstmals glühte die Luft, versengt durch trockene Hitze;
Unter dem Winde erstarrt, hing klirrend der Zapfen des Eises;
Nun erst suchte man Häuser zum Schutz; das Heim war die Höhle
Oder das dichte Gestrüpp oder Zweige mit Rinde verbunden.
Weit in die lange Furche versenkt' man die Samen der Feldfrucht
Nunmehr zuerst, und gespannt in das Joch seufzt stöhnend das Jungvieh.

Diesem folgte hierauf – als drittes – das eherne Alter,
Wilder an Art und schon eher geneigt zu grimmigen Kämpfen,
Nicht doch vom Frevel befleckt; hart war wie das Eisen das letzte.

Alsbald brach in die Zeit der schlechteren Ader der Frevel
Jählings herein, und es flohen die Scham, die Wahrheit und Treue;
Doch ihren Platz übernahmen sofort der Betrug und die Tücke,
Hinterlist und die Gewalt und frevelhafte Gewinnsucht.
Segel setzte man jetzt in den Wind, den der Schiffer nicht kannte,
Und die auf hohen Bergen noch eben gestanden, die Fichten,
Tanzten als Schiffe sich schaukelnd auf unbekannten Gewässern.
Einst war das Land wie die Luft und die Sonne Gemeingut gewesen,
Nunmehr zog mit Bedacht den genauen Rain der Vermesser.
Nicht nur verlangte man jetzt die Nahrung vom reichen Gefilde –
Wie eine Schuld –, man drang auch hinein in die Tiefen der Erde,
Schätze, die jene versteckt, entrückt in die Reiche der Schatten,
Holte man nunmehr hervor, als Anreiz zu allen Verbrechen.
Schon lag schädliches Eisen und Gold, noch schlechter als dieses,
Offen zu Tag, und zu Tag auch der Krieg, der sich beider bediente
Und mit blutiger Hand die Waffen, die klirrenden, schüttelt.

Nun lebt alles vom Raub: weder Gastfreund schützt mehr den Gastfreund,
Noch auch den Schwager der Eidam, selbst Brüder lieben sich selten;
Tod und Verderb droht der Gatte der Frau und die Frau dem Gemahle,
Mütter brauen den giftigen Trank voll Tücke dem Stiefkind.
Früh schon forscht in den Sternen der Sohn nach den Jahren des Vaters:
Ehrfurcht liegt getroffen darnieder, Asträa, die Jungfrau,
Floh als letzte der Götter die blutigtriefende Erde.
Doch daß des Äthers Höh' nicht sichrer sei als die Erde,
Rang das Gigantengeschlecht nach der Herrschaft – so heißt es – im Himmel,
Schleppte Gebirge zusammen und türmte sie hoch zu den Sternen.
Aber der mächtige Vater zerschmetterte nun mit dem Blitzstrahl
Erst den Olymp und warf den Pelion nieder vom Ossa.
Unter den Bergen begraben, so lagen die gräßlichen Leiber;
Über und über besudelt von Strömen des Bluts ihrer Söhne
Troff da die Erde, so sagt man, und habe dem dampfenden Blute –
Daß von ihrem Geschlecht nicht jede Erinnerung schwinde –
Menschengestalten verliehen; doch waren Verächter der Götter
Diese Geschöpfe wie jene, begierig nach grausigem Mord und
Voller Gewalt; man merkte es wohl: sie stammten vom Blute.

DEUCALION UND PYRRHA

Von den Aoniern scheidet Phocis die Fluren am Oeta,
Fruchtbares Land, solang es noch Land war, damals jedoch ein
Teil des Meeres, ein breites Gebiet der reißenden Wogen.
Bis zu den Sternen ein Berg ragt auf mit doppeltem Gipfel,
Reicht – Parnassus genannt – mit den Spitzen über die Wolken.
Als Deucalion hier (denn das Übrige deckte die Meerflut)
Mit der Gefährtin auf seinem Nachen schließlich gelandet,
Beteten sie zu korykischen Nymphen, zu Göttern des Berges,
Dann auch zu Themis, die damals am Orte das Schicksal verkündet.
Niemals gab's einen besseren Mann, der die Rechtlichkeit liebte
Mehr noch als dieser, nie frömmer ein Weib in der Scheu vor den Göttern.
Als nun Jupiter sieht im Moraste versunken den Erdkreis,
Sieht, daß am Leben geblieben von so vielen Tausenden einer,
Sieht, daß am Leben geblieben von so vielen Tausenden eine,
Beide unschuldig, beide zudem Verehrer der Gottheit,
Sprengt' er das düstre Gewölk und verjagt' durch den Nordwind die Nebel,
Zeigte dem Himmel wieder die Erd' und die Erde dem Himmel.
Nicht mehr verharrte im Grollen das Meer. Es legte den Dreizack
Nieder der Herrscher der See und sänftigt' die Fluten; dann rief er
Triton herbei, den dunklen, der aus der Tiefe emporsteigt,
Der an den Schultern bedeckt ist mit angewachsenen Muscheln,
Heißt ihn blasen die tönende Muschel, mit diesem Signale
Wogen und Ströme zurückzuberufen: die hohle Trompete
Nimmt er zur Hand, die gebogne, vom untersten Wirbel an breiter;
Jene Trompete, vom Herren inmitten des Meeres geblasen,

Bis in den Osten und Westen erfüllt sie alle Gestade;
Jetzt auch, wie sie den triefenden Bart am Munde des Gottes
Leise berührte und blies das befohlene Zeichen zum Rückzug,
Ward sie von allen Gewässern der Erd' und des Meeres vernommen,
Und von denen vernommen sie ward, die bändigt' sie alle.
Schon hat Gestade das Meer, den geschwollenen Strom faßt ein Bett und
Flüsse treten zurück, es erheben sich wieder die Hügel;
Land steigt empor, der Boden nimmt zu, es fallen die Wogen,
Wälder zeigen nach vielen Tagen nun trockene Wipfel,
Wenn auch vom Schlamme bedeckt, da dieser am Laube zurückblieb:
Wiedererstanden das Land! Deucalion – als er gewahrte,
Wie es in Grabesstille versenkt, verwüstet, verödet,
Sprach er zu Pyrrha hierauf, ihm quollen die Tränen ins Auge:
»Schwester, Gattin und Weib, das allein noch übriggeblieben,
Der mich gemeinsamer Stamm, ja blutsverwandte Geburt und
Später die Ehe verband und nun die Gefahren verbinden,
Beide nur sind wir von allen Ländern des Ostens und Westens
Übrig als ›Volk‹; alles andere hat die Meerflut verschlungen.
Aber auch unsere Hoffnung auf Leben erscheint mir noch lang nicht
Sicher genug; auch jetzt noch bedrohen Wolken die Seele.
Wenn du nun ohne mich, Ärmste, entgangen wärest dem Schicksal,
Wie dann wär' dir zumut? Wie vermöchtest die Furcht du allein zu
Tragen? Wer würde in deinem Kummer dir Tröstliches sagen?
Denn (das kannst du mir glauben), wenn dich auch verschlängen die Wogen,
Gattin, ich folgte dir nach, und auch mich verschlängen die Wogen.
Könnte ich doch mit der Kunst meines Vaters nun wieder erschaffen

Alle die Völker und Leben verleihn der gekneteten Erde!
Jetzt ist das Menschengeschlecht nur in uns beiden vorhanden
(So gefiel es den Göttern), wir sind die Reste der Menschheit!«
Sprach's, es weinte das Paar: die Gottheit im Himmel zu bitten,
Hilfe durch heil'ge Orakel zu suchen, beschlossen sie beide.
Ohne Verzug nun gehn sie zusammen zum Strome Cephisus;
Trüb noch die Wellen, doch strömten sie schon im früheren Flußbett.
Als sie sodann dort Wasser geschöpft und damit sich besprengten
Kleidung und Haupt, da lenkten sie jetzt ihren zaudernden Schritt zum
Heiligen Tempel der Göttin; entstellt von häßlichem Moose
Starrte der Giebel, erloschen der Brand auf ihrem Altare.
Als sie die Stufen des Tempels berührt, da fielen sie beide
Nieder zu Boden und küßten zitternd den eisigen Marmor.
Also flehten sie dann: »Wenn je durch gerechte Gebete
Götter erweichen sich lassen und mildern die Kraft ihres Zornes,
Künde uns, Themis, die Kunst, die unsres Geschlechtes Verlust nun
Wieder behebt – und hilf der versunkenen Erde in Gnaden!«
Themis, gerührt, verkündet den Spruch: »Geht fort aus dem Tempel,
Hüllet das Haupt euch ein und löst die gegürteten Kleider,
Werft sodann hinter euch der großen Mutter Gebeine!«
Lange entsetzten sie sich: da bricht das verwunderte Schweigen
Pyrrha zuerst und versagt der Göttin Befehl den Gehorsam,
Bittet mit bebendem Mund, sie mög' ihr verzeihn; doch sie fürchte,
Durch den Wurf des Gebeins ihrer Mutter Schatten zu kränken.
Immer von vorn überlegen sie sich des göttlichen Spruches
Dunkles Geheimnis, und deuten und raten ernst miteinander.
Endlich beruhigt der Sohn des Prometheus die Epimethide,
Spricht mit freundlichen Worten: »Mich täuscht entweder mein Scharfsinn

Oder (Orakel sind heilig, sie raten zu keinerlei Unrecht)
›Große Mutter‹ ist unsere Erde: die Knochen im Leib der
Erde sind Steine; so mein ich; die sollen wir hinter uns werfen.«
Wenn auch Titania Freude empfand ob der Deutung des Gatten,
War es ja doch nur Vermutung: so wenig trauten sie beide
Noch dem göttlichen Spruch; was kann ein Versuch aber schaden?
Rasch nur hinweg: sie verhüllen ihr Haupt und lockern die Kleider,
Werfen sodann hinter sich auf den Weg, wie befohlen, die Steine.
Aber – wer würde es glauben, wenn nicht es die Sage bezeugte?
Nunmehr begannen die Steine von Härte und Starrheit zu lassen,
Mählich geschmeidig zu werden und dann Gestalt zu gewinnen.
Bald, als sie wuchsen und schon ein milderes Wesen erhielten,
Zeigt sich – nicht deutlich – dennoch ein Umriß von Menschengestalten,
Eben als wäre ein Werk, gerade in Marmor begonnen,
Nicht vollendet genug, sehr ähnlich dem kunstlosen Standbild.
Was aber feucht an ihnen durch Saft oder erdig gewesen,
Wurde im Wandel zu Fleisch. Das Harte jedoch, des Gefüge
Nicht zu erweichen, allmählich wird es in Knochen verwandelt,
Nur was Ader gewesen, behält den früheren Namen,
Und in kürzester Zeit bekamen mit göttlicher Hilfe
Steine, von Händen des Mannes geworfen, das Aussehn des Mannes,
Wiedergeschaffen wurde das Weib vom Wurfe des Weibes.
Deshalb sind wir ein hartes Geschlecht und erfahren in Arbeit,
Zeugnis legen wir ab, aus welchem Ursprung wir stammen.

PHAETHON

Hoch auf ragenden Säulen erhob sich der Sonnenpalast und
Blinkte von funkelndem Gold und von feuersprühender Bronze,
Und seines Giebels Höhe bedeckte des Elfenbeins Helle.
Doppelflüglige Türen erstrahlten im Lichte des Silbers.
Schöner als dies aber war das Werk: denn es hatte Vulcanus
Dort ziseliert die Weite des Meers, das die Erde umgürtet,
Länder dazu und den Himmel, der über die Welten gewölbt ist.
Bläulich schimmern im Meere die Götter, der blasende Triton,
Proteus' Wandelgestalt und Ägäon, der kräftig die Arme
Stemmt auf dem riesigen Rücken des Walfischs, auch Doris und ihre
Töchter zugleich: man sieht auf dem Bild zum Teile sie schwimmen,
Andre am Riffe gelagert, das meergrüne Haar sich zu trocknen,
Einige reitend auf Fischen: verschieden ist allen das Antlitz,
Dennoch sind sie sich ähnlich, so wie es üblich bei Schwestern.
Männer dort trägt die Erde und Städte, auch Wälder und Bergwild,
Götter des Stroms und Nymphen und sonstige Götter der Fluren.
Doch über allen erhebt sich das Bild des leuchtenden Himmels
Und auf den Flügeln des Tors sechs Sternbilder rechts und zur Linken.
Als nun der Clymene Sohn auf steil sich erhebendem Pfade
Hierher gelangt und die Burg des bezweifelten Vaters betreten,
Lenkt er sogleich seinen Schritt vor das Auge seines Erzeugers,
Bleibt entfernt aber stehn; denn näher ertrug er das Licht nicht:
Phöbus, vom Kleide aus Purpur umhüllt, saß hier auf dem Throne,
Dieser erglänzte hell von Smaragden. Es standen zur Rechten

Ihm und zur Linken der Tag und der Monat, daneben das Jahr, die
Stunden, in gleiche Teile geteilt, die Jahrhunderte, weiters,
Jugendlich stand da der Lenz, den blühenden Kranz auf dem Haupte,
Auch der nackende Sommer, ein Ährengewind in den Haaren.
Neben ihm stand noch der Herbst, benetzt mit gekelterten Trauben,
Endlich der eisige Winter, mit weißem, struppigem Haupthaar.
Über die Wunder der Dinge erstaunte der Jüngling: so sah ihn
Sol – inmitten des Raums – mit dem Auge, das alles erblickt, und
Sprach: »Was kommst du hierher? Was suchst auf der Burg du,
Phaethon, der du mein Sohn, den ich niemals könnte verleugnen?«
Jener entgegnet: »O Licht, den unendlichen Welten gemeinsam,
Phöbus, mein Vater, wenn je du gewährst, dich so zu begrüßen.
Wenn ihre Schuld nicht Clymene birgt mir mit gröblicher Täuschung,
Gib mir, o Vater, ein Pfand, das als wirklichen Sohn mich bezeugt und
Das von dem quälenden Zweifel befreit mir die bangende Seele.«
Also sein Wort. Da nahm von dem Haupt den strahlenden Kranz der
Vater herab und gebot seinem Sohne, ihm näher zu treten,
Ließ sich umarmen und sagte: »Verleugnet zu werden verdienst du
Nicht als mein Sohn, und Clymene nannte dir wahr deinen Ursprung.
Noch, daß der Zweifel dir schwinde, erbitt ein Geschenk, das aus meiner
Hand du erhältst: der Styx, bei dem alle Himmlischen schwören
– Nie noch sah ihn mein Auge –, sei Zeuge für dieses Versprechen!«

Kaum war dieser zu Ende, erbittet jener des Vaters
Wagen für einen Tag und das Recht, seine Rosse zu lenken.
Tief bereute der Vater den Schwur und dreimal und viermal
Schüttelte er das leuchtende Haupt: »Verwegen und töricht
Wurde mein Wort durch dich! o braucht' ich doch dieses Versprechen
Niemals zu halten! Zu gern widerrief ich, mein Sohn, dieses eine!
Warnung jedoch ist erlaubt: gefährlich ist dein Begehren!
Phaethon, Großes verlangst du, ein Amt, das den Kräften nicht zukommt,
Wie sie dir eigen, und nicht den Jahren, so jung wie die deinen.
Sterblich ward dir dein Los: Unsterbliches will dein Begehren.
Höheres noch, als den Göttern selbst zu erreichen vergönnt ist,
Forderst du ohne Bedacht: mag jeder von sich etwas halten,
Keiner vermag auf dem feuersprühenden Wagen zu stehen,
Keiner denn ich! Ja selbst der Herrscher des großen Olympus,
Der mit der furchtbaren Rechten schleudert vernichtende Blitze,
Würde den Wagen nicht lenken: was gleicht aber Jupiters Größe?

Steil ist der Anfang des Wegs; und die Rosse, die frisch noch am Morgen,
Kaum erklimmen sie ihn, der zuhöchst ist inmitten des Himmels,
Wo mich selber des öftern beim Anblick des Meers und der Erde
Schwindel befällt und das Herz mir schlägt in zagender Sorge.
Jäh ist am Ende die Bahn und fordert sichere Führung.
Tethys sogar, die dort in den Wellen des Meeres mich aufnimmt,
Zittert für mich in Angst vor dem Sturz, den sie täglich befürchtet.
Denk noch daran, daß der Himmel sich dreht in beständigem Schwunge
Und die Gestirne mit sich im hurtigen Wirbel herumreißt.
Ich nur stürme dagegen, ich füge mich nicht der gewalt'gen
Drehung wie andre und fahre zuwider dem eilenden Kreislauf.

Denke, der Wagen sei dein: was tätest du? Kannst du dich stemmen
Gegen des Himmels Schwung, ohne daß dich entführt seine Drehung?
Haine und Städte der Götter vielleicht erträumst du im Geiste
Dort dir, und Tempel dazu, die reich sind an Weihegeschenken:
Nein, nur Gefahren bietet der Weg und die Zeichen im Tierkreis!
Wenn du die Bahn auch hältst und kommst auf keinerlei Irrweg,
Mußt du ja doch dich winden durchs Horn des begegnenden Stieres,
Durch den Bogen des Schützen, des Löwen grimmigen Rachen,
Am Skorpion auch vorbei, dem gräßlich die Scheren sich krümmen dann
Weithin im Kreis, und am Krebs, der sie krümmt in anderer Richtung,
Schwer nur wirst du die Rosse bezwingen, die sprühen von Feuer,
Das in der Brust ihnen glüht, das aus Maul und Nüstern sie schnauben:
Kaum ertragen sie mich, ihren Herrn, wenn die stürmischen Herzen
Heiß sich gelaufen und ihr Nacken sich sträubt unter Zügeln. –
Hüte dich also, mein Sohn, daß nicht ich unseliger Gabe
Spender dir sei, und verbeßre den Wunsch, solang es noch Zeit ist.
Sichere Pfänder doch willst du dafür, daß aus unsrem Blute
Du entsprossen: ich geb dir ein sicheres Pfand durch die Furcht und
Weise als Vater mich aus durch väterlich Sorgen. Betrachte
Doch mein Gesicht! Vermöchtest du, ach, in das Herz mit den Augen
Einzudringen und hier die Sorgen des Vaters zu lesen!
Blicke umher, was die Welt auch besitzt an Gütern und Reichtum,

Und von des Himmels, der Erde, des Meeres, so vielen und großen
Schätzen, begehr, was du willst; keine Bitte soll dir umsonst sein.
Nur dies eine verbitt ich, was Strafe mit richtigem Namen,
Phaethon, Ehre nicht ist. Du forderst statt Gunst eine Strafe!
Was umschlingst du den Hals mir, o Tor, mit kosenden Armen?
Zweifle nur nicht, dir wird (ich schwur's bei den stygischen Fluten),
Was du auch wünschest, gewährt, aber wünsche dir Klügres!«
Phöbus schloß seine Warnung; doch sträubte sich jener den Worten,
Starr verbleibt bei dem Wunsch er und brennt vor Begier nach dem Wagen.
Zaudernd, solang er nur konnte, führt endlich der Vater den Jüngling
Hin zum mächtigen Wagen, den einst ihm Vulcanus geschenkt hat.
Lauteres Gold war die Achse, aus Gold auch die Deichsel und golden
Oben am Rade die Felgen, aus Silber die zahlreichen Speichen;
Chrysolithen am Joch und reihenweise Juwelen
Spiegelten hell die Strahlen zurück vom Lichte der Sonne,
Staunend betrachtet noch Phaethon hohen Gemütes die Arbeit –
Siehe, da öffnet frühwach im rötlichen Osten Aurora
Schon das glänzende Tor und den rosenschimmernden Vorsaal:
Gleich verschwinden die Sterne und ihre Scharen beschließt der
Morgenstern, der zuletzt seine Wacht verläßt auf dem Himmel.
Als der Titan sie zur Erde sich neigen, den Himmel erröten
Sah, die letzte Sichel des Mondes verschimmern, da gibt den
Leichtgeschürzten Horen Befehl er, die Rosse zu schirren.
Schnell erfüllen den Auftrag die Göttinnen, führen die Pferde,
Feuerschnaubend und satt durch Ambrosias saftiges Futter,
Fort von den hohen Krippen und legen den klirrenden Zaum an.
Nunmehr bestreicht der Vater mit heiligem Saft seines Sohnes
Jugendlich Antlitz und macht es gefeit vor zehrenden Flammen,

Legt um das Haar ihm die Strahlen und stößt aus bekümmertem Herzen
Seufzer hervor, die das kommende Unheil erahnen, und sprach dann:
»Folge doch wenigstens jetzt den mahnenden Worten des Vaters!
Spare die Peitsche, mein Sohn, und halte fester die Zügel!
Denn sie rennen von selbst, ihr Feuer zu zähmen ist mühsam.
Fahr nicht hindurch durch alle die fünf gradlaufenden Zonen!
Schräg zieht hin sich der Pfad mit weit ausladender Krümmung,
Hat als Grenze genug mit drei dieser Zonen, vermeidet
So den südlichen Pol und die Bärin, die nah ist dem Nordpol:
Dort sei dein Weg! Du erkennst noch deutlich die Spuren des Rades.
Daß jedoch Himmel und Erde die gleiche Wärme empfangen,
Senke weder den Wagen, noch treib ihn hinauf in den Äther!
Steigst du zu hoch, so wirst du die himmlischen Häuser verbrennen,
Gehst du zu tief – dann die Erde; du fährst in der Mitte am besten.
Weder lenke das Rad dich nach rechts zur geringelten Schlange,
Noch auch führe es dich nach links zum tieferen Altar,
Halte dich zwischen den beiden! Das Übrige walte Fortuna,
Diese möge dich führen und besser dir raten als du dir.
Während ich rede, erreichte ihr Ziel die taufeuchte Nacht schon,
Dort am hesperischen Strand. Wir dürfen nicht länger mehr zaudern,
Los denn, man braucht uns: das Dunkel entflieht und es strahlt schon Aurora.
Nimm die Zügel zur Hand; doch kann deinen Sinn man noch ändern,
Wähle doch jetzt viel lieber den Rat als unseren Wagen.
Da es noch Zeit, und du immer noch stehst auf sicherem Grunde,

Noch nicht als Laie belastest den Wagen, den töricht erbetnen,
Laß mich den Ländern bringen das Licht, daß du sicherer sehn kannst!«
Jener betritt das leichte Gefährt im Schwunge der Jugend,
Stellt sich darauf und ergreift mit der Hand die erhaltenen Zügel
Freudig bewegt und erstattet den Dank dem bekümmerten Vater.
Wiehernd indessen erfüllen Pyrois, Eous und Äthon,
Phlegon als viertes dazu, die geflügelten Rosse der Sonne,
Feuerschnaubend die Luft, und sie stoßen den Huf an den Schranken.
Kaum hat ihn Tethys entfernt, nicht ahnend das Los ihres Enkels,
Kaum sich die Bahn in des Himmels unendliche Räume erschlossen,
Rasen sie hurtig dahin, in den Lüften die Beine bewegend,
Teilen begegnende Nebel und stürmen – es trägt sie der Flügel –
Rasch am Ostwind vorbei, der vom gleichen Orte sich anhebt.
Aber die Last war zu leicht, und es konnten die Rosse der Sonne
Nicht sie verspüren, das Joch entbehrte der sonstigen Schwere;
So wie das bauchige Schiff, dem es fehlt an der nötigen Ladung,
Schwankt, und weil es zu leicht, ohne Halt auf dem Meere dahintreibt,
Ebenso springt auch der Wagen, der ohne die richtige Last ist,
Hoch in die Lüfte empor – ein Gefährt, das frei aller Lasten.
Kaum verspürten's die Pferde, da stürmten sie wild und verlassen
Spur und befahrnes Geleis und verlieren die frühere Richtung.
Jener erschrickt, weiß nicht, wie er lenke die Zügel des Vaters,
Kennt nicht den Weg und wäre, auch wenn er ihn kennte, doch machtlos.
Jetzt erwärmte zuerst sich im Norden das Sternbild des Wagens
Und versuchte umsonst ins verwehrte Meer sich zu senken,
Jetzt entflammte die Schlange, die, nahe dem eisigen Nordpol,

Starr vor Kälte zuvor und keinem sonst furchtbar gewesen.
Und aus den Gluten empfing sie den Zorn, wie sie ihn nie
gekannt hat;
Flohst ja, so heißt es, auch du, Bootes, verwirrt und
geängstigt –
Warst du auch träge ansonst, da der Wagen dich zähe
zurückhält.
Als der unselige Phaethon jetzt von der Höhe des Himmels
Blickte zur Erde, die tief und tiefer sich unter ihm breitet,
Wurde er starr und auf einmal erbebten vor Schrecken die Knie
ihm,
Und in dem strahlenden Licht hob Dunkel sich vor seine Augen.
Hätt' er doch niemals berührt – so wünscht er – die Rosse des
Vaters,
Jetzt bereut er die Kenntnis der Herkunft, der Wünsche
Erfüllung,
Wollte, er wäre nur Merops Sohn, doch es trägt ihn dahin wie
Reißender Nord den fichtenen Kahn, dem der Lenker das Steuer
Müd und besiegt überläßt und es Göttern und Bitten
anheimgibt.
Was nun beginnen? Denn hinter ihm liegt ein Großteil des
Himmels,
Größer der Teil noch vor ihm. Im Geiste durchmißt er nun
beide,
Blickt nach dem Westen vor sich, den ein hartes Schicksal ihm
wehrte
Je zu erreichen, und er wendet zurück sich wieder nach Osten:
Ratlos sucht er den Ausweg; läßt weder los seine Zügel,
Noch vermag er sie strammer zu ziehn, noch die Rosse zu
rufen.
Zitternd vor Angst sieht hier er und dort am unendlichen
Himmel
Wundergestalten verstreut und drohende Bilder von Tieren.
Da ist der Ort, wo der Skorpion zu doppeltem Bogen
Krümmt seine Scheren, den Schweif und die zwiefach sich
biegenden Fänge

Weit mit dem Leib in den Raum von zwei Gestirnen hinausreckt.
Wie ihn der Knabe gewahrt, vom Schweiß des schwärzlichen Giftes
Triefend, und Wunden ihm drohn vom krummgebogenen Stachel,
Lockert er sinnesverwirrt vor kaltem Grausen die Zügel;
Als sie in schlaffem Fall nun die Rücken der Rosse berührten,
Brechen sie aus und durchstreifen, da niemand sie lenkt oder anhält,
Fremde Gefilde der Luft, und wohin es sie treibt in der Willkür,
Stürzen sie zügellos fort, an die Sterne unter dem hohen
Äther rennen sie, reißen den Wagen durch weglose Gegend,
Steigen empor und stürzen herab und wieder auf jähem
Pfade stürmen sie hin, ganz nahe dem Raume der Erde.
Tief unter ihrem des Bruders Gespann dort laufen zu sehen,
Wundert sich Luna, und qualmend beginnen die Wolken zu rauchen.
Feuer ergreift nunmehr die ragenden Höhen der Erde,
Berstend zerreißt der Boden und lechzt, da die Säfte versiegt sind;
Gelb verwelkt das Gras, es verbrennen die Bäume und Blätter,
Trockene Saat ist selbst der Zunder zu eigner Verbrennung.
Dies ist nur wenig: auch mächtige Städte vergehn mit den Mauern,
Ganze Länder mitsamt ihren Völkern verwandelt der Brand in
Asche; mit ihren Bergen verbrennen die Wälder; es brennen
Athos und der kilikische Taurus, der Tmolus und Oeta,
Ida, der trocken nunmehr, zuvor noch reich war an Quellen,
Helicons Musenhöhe, der spätere Sitz des Oagrus,
Hämus. Von zweifacher Glut brennt unermeßlich der Ätna,
Eryx, Cynthus und Othrys und, doppelten Gipfels, Parnassus,
Rhodope auch – der endlich vom Eise befreite –, der Mimas,
Dindyma, Mycale glühn und Cithäron, die opfergeweihte.
Skythien nützt seine Kälte nicht mehr: der Kaukasus lodert.

Ossa und Pindus sogar und größer als beide, Olympus,
Auch die luftigen Alpen, der wolkige Apenninus.
Da sieht Phaethon nun ringsum in all ihren Teilen
Brennen die Welt und vermag die entsetzliche Glut nicht zu
tragen.
Siedende Luft, entstiegen den letzten Tiefen der Esse,
Atmet er ein und verspürt den Wagen unter sich glühen,
Kann schon den Regen der Asche, die aufgewirbelten Funken
Nicht mehr ertragen, umhüllt allseits von brennendem
Rauchqualm;
Dunkel wie Pech ihn umgibt, er kennt nicht den Weg noch die
Richtung,
Stürzt nur dahin und folgt dem Ermessen der fliegenden Rosse.
Damals trat, wie man glaubt, dem äthiopischen Volke
Blut in die Haut, wovon es die schwarze Farbe bekommen.
Libyen ward, da die Gluten es aller Säfte beraubten,
Wüste, und damals beweinten die Nymphen mit offenen Haaren
Ihre Quellen und Seen; Böotien sucht seine Dirce,
Argos sucht Amymone, Ephyra seine Pirene.
Selbst nicht die Ströme, die weit getrennte Ufer erlosten,
Blieben verschont: es dampfte der Tanais mitten im Strudel
Und Peneus, der Greis, und der Teuthranteer Caicus,
Auch der flinke Ismenus und Phegias Strom, Erymanthus,
Xanthus, der brennen noch einmal sollte, der gelbe Lycormas
Und Mäandrus, der spielt mit den rückwärts sich schlängelnden
Wellen,
Auch der mygdonische Melas, Tänariens Fluß, Eurotas;
Babylons Euphrat brennt, und es brannte auch der Orontes,
Thermodon brannte, der schnelle, der Ganges, der Phasis und
Hister,
Auch der Alpheus siedet, es glüht Spercheus' Gestade.
Selbst das Gold, das der Tagus im Strom führt, schmilzt in den
Gluten,
Auch die Vögel der Flüsse, die einst die mäonischen Ufer
Hell mit Gesängen erfüllten, verbrannten im Bett des Caystrus.
Bis ans Ende der Welt entfloh in Schrecken der Nilfluß

Und umhüllte die Quelle, die jetzt noch verborgen: die sieben
Mündungen lagen versandet, nun sieben vertrocknete Täler.
Gleiches Geschick verdorrte Ismariens Hebrus und Strymon,
Auch Hesperiens Flüsse, den Rhein, die Rhone, den Po auch
Und, dem die Herrschaft über die Welt einst verheißen, den Tiber.
Jeglicher Boden zerbirst, in den Tartarus dringt durch die Spalten
Licht und erschreckt den König der Tiefe und seine Gemahlin,
Ja, auch das Meer versiegt, und wo sich die Wellen getummelt,
Dehnt sich das sandige Feld, es treten hervor die Gebirge,
Welche das Meer hat bedeckt, und vermehren die Zahl der Kykladen.
Fische tauchen nach unten, es wagen gekrümmte Delphine
Über die Fläche sich nicht wie gewöhnt, in die Lüfte zu schnellen,
Leblos treiben, gestreckt auf den Rücken, die Leiber der Robben
Auf den Fluten: es liegen selbst Nereus, so kündet die Sage,
Doris dazu und die Töchter, versteckt in lauwarmen Grotten.
Dreimal wagte Neptun, mit zornigem Blicke, die Arme
Aus den Fluten zu strecken und dreimal vertrug er die Glut nicht.
Aber die gütige Tellus hob, umströmt von dem Weltmeer,
Zwischen den Fluten des Meers und den rings versammelten Quellen,
Die in dem dunklen Schoß der Mutter sich hatten verborgen,
Bis zum Halse verdorrt, ihr niedergesunkenes Antlitz,
Hielt die Hand zum Schutz vor die Stirn, erbebte vor Schrecken,
Alles erschütternd umher, versenkte sich etwas und war nun
Tiefer, als sonst sie erscheint, und sprach mit göttlicher Stimme:
»Wenn du es willst und ich es verdient, was zögert dein Blitzstrahl,
Höchster der Götter? Und bin ich verfallen den Feuergewalten,
Laß mich in diesen vergehn: durch dich zu sterben ist Tröstung!
Kaum vermag ich den Mund zu den wenigen Worten zu öffnen
(Rauch erstickt ihr die Kehle), sieh an die brennenden Haare,
So viel Asche im Aug' und so viel Asche im Antlitz!
Zollst du nun solchen Dank für das Blühen und solche Belohnung

All meinem Dienst, daß ich Wunden erdulde vom Karste,
Wunden vom krummen Pflug, und im ganzen Jahre gequält bin?
Daß ich die Blätter dem Vieh und zartere Nahrung, Getreide,
Spende dem Menschengeschlecht und euch auch biete den Weihrauch?
Doch nimm an, ich verdiente den Tod: Was haben die Wellen,
Was dein Bruder verdient? Warum versinken die Meere,
Die ihm vom Lose bestimmt, und sind vom Himmel entfernter?
Rührt dich aber der Dank nicht, die Liebe zu mir, zu dem Bruder,
Laß dich des Himmels erbarmen, der dein ist! Sieh rechts hin und links hin,
Nordpol und Südpol, sie rauchen! Und wenn sie das Feuer versehrt hat,
Stürzen die Hallen euch ein! Sieh Atlas, wie er sich müht, und
Kaum noch trägt seine Schulter die Last der glühenden Achse!
Wenn das Meer und die Erde vergehn und die himmlischen Burgen,
Werden wir wieder versinken ins frühere Chaos! Entreiße,
Was noch übriggeblieben, den Flammen und sichre das Weltall!«
Soviel sprach nur die Erde: denn nimmer vermocht' zu ertragen
Länger den Rauch sie, noch weiterzureden, sie zog nun ihr Antlitz
In sich zurück und in Höhlen, die näher der Unterwelt lagen;
Aber die Himmlischen ruft der allmächtige Vater als Zeugen,
Ihn, der den Wagen verliehen, daß alles in bitteren Nöten,
Wenn er nicht helfe, verderbe: er steigt zur Höhe des Himmels,
Dorthin, von wo er ansonst überzieht mit Wolken die Länder,
Wo er den Donner erregt und die zuckenden Blitze versendet;
Jetzt aber hatt' er nicht Wolken, sie über die Erde zu breiten,
Noch den Regen, um ihn hinab vom Himmel zu schicken:
Donnernd entsandt er den Blitz – ihn schwingend rechts an dem Ohre,

Auf den Lenker des Wagens und stieß ihn zugleich aus dem Leben
Und aus dem Wagen und dämpfte mit rasendem Feuer das Feuer.
Scheu nun stutzten die Rosse und reißen beim Sprung auf die Seite
Rasch aus dem Joche den Hals, den zerfetzten Riemen entfliehend:
Dahin fallen die Zügel, und dort, von der Deichsel gerissen,
Liegt die Achse und hier die Speichen zerbrochener Räder;
Weithin sind zerstreut vom zertrümmerten Wagen die Reste.
Phaethon aber, vom Brand die flammenden Haare verheert, stürzt
Jäh in die Tiefe hinab, durch die Luft in riesigem Bogen
Fliegt er, wie wenn zuweilen ein Stern vom heiteren Himmel,
Wenn er auch wirklich nicht fällt, es dennoch den Schein hat, er fiele.
Ihn nimmt, ferne der Heimat, im Abendland der gewalt'ge
Strom Eridanus auf und bespült sein rauchendes Antlitz.
Nymphen Hesperiens geben den Leichnam der Erde, noch qualmend
Von dem Dreizack des Strahls, und bezeichnen den Stein mit der Inschrift:
HIER RUHT PHAETHON JETZT,
DER DEN WAGEN DES VATERS GELENKT HAT,
KONNT' ER IHN AUCH NICHT BEHAUPTEN,
ERLAG ER DOCH MÄCHTIGEM WAGNIS.

CADMUS

Jupiter hatte schon längst das Trugbild des Stieres verlassen,
Hatte als Gott sich bekannt und das Land am Dicte betreten:
Nichts davon ahnend, befahl der Vater dem Cadmus, zu suchen
Nach der Geraubten, und drohte zugleich, wenn er jene nicht fände,
Mit der Verbannung als Strafe. So lieblos war er aus Liebe.
Jener durchirrte die Welt – wem wäre es je denn gelungen,
Jupiters Raub zu erspähen? – Den Zorn seines Vaters, die Heimat
Mied er aus Angst und fragte in Demut des Phöbus Orakel,
Bat auch den Gott, ihm ein Land zu gewähren als ruhigen Wohnsitz.
Phöbus hierauf: »Du triffst eine Kuh bald auf einsamem Felde,
Nie hat das Joch sie erduldet, ist frei vom Dienste des Krummpflugs.
Geh, wohin sie dich führt, und wo sie im Grase sich ausruht,
Gründe die Mauern der Stadt, Böotien nenne die Gegend.«
Cadmus hatte noch kaum die kastalische Höhle verlassen,
Als ohn' Hirt eine Kuh gemessenen Schrittes daherkam,
Ohne am Hals ein Zeichen zu tragen von dienstbarer Knechtschaft.
Diese verfolgt er und tritt mit Bedacht in die Spuren des Rindes
Und in der Stille verehrt er des Weges Verkünder, den Phöbus.
Schon durchschritt er die Furt des Cephisus und Panopes Fluren:
Siehe, da hemmte das Rind seinen Schritt und die prächtigen Hörner
Hob es zum Himmel empor und erfüllte die Luft mit Gebrülle.
Nun aber blickt sie zurück zu den Männern, die ihr gefolgt sind,
Lagert sich dann und streckt im sprießenden Gras ihre Glieder.
Dank erfüllt da den Helden, er küßt das fremde Gefilde,
Grüßend heißt er willkommen das neue Land und die Berge.

Dank durch Opfer zu sagen dem Gott, befiehlt er den Dienern,
Wasser aus lebendem Quell zur heiligen Spende zu holen.
Weithin dehnte sich dort, vom Beil nicht getroffen, ein Urwald,
Mitten darin eine Höhle, von Büschen und Sträuchern umwachsen,
Niedrig ist das Gewölbe, von rohen Steinen geschichtet,
Reich an sprudelnden Quellen. Darin, in der Tiefe verborgen,
Haust ein Drache des Mars, geschmückt mit goldenem Kamme,
Feuer sprühen die Augen, der Körper vom Gifte geschwollen,
Dreifach zucken die Zungen und dreifach starren die Zähne.
Als nun die Männer aus Tyrus mit unheilbringenden Schritten
Dort betraten den Hain und der Krug, ins Wasser gelassen,
Hellauf ertönte, da hob aus dem tieferen Grunde der Höhle
Hoch sein grünliches Haupt der Drache mit furchtbarem Zischen.
Allen entsank aus den Händen ihr Krug; es entwich aus dem Antlitz
Gänzlich das Blut, eine plötzliche Angst erfaßte die Glieder.
Alsbald rollte der Wurm die gepanzerten Ringe zusammen,
Krümmt sich hierauf im Sprunge empor zu mächtigem Bogen,
Und in die wehenden Lüfte erhebt er sich über die Hälfte,
Sah in den Wald so hinab, so groß, wie am Himmel der Drache,
Wenn du als ganze sie schaust, die beide Bären getrennt hält.
Ohne Verzug faßt dieser hierauf die phönizischen Männer,
Ob sie den Speer erhoben zur Wehr, ob sie fliehen, ob beides
Hindert die Furcht: mit dem Biß, mit des Leibes Umschlingung
Tötet er oder betäubt mit der Pest des vergifteten Hauches.
Kürzer wurden die Schatten, die Sonne stand schon im Mittag.
Was denn die Freunde verzögre, bedenkt der Sohn des Agenor,
Folgend der Spur seiner Männer, bedeckt mit dem Felle des Löwen,
Den er getötet, bewehrt mit der blinkenden Lanze, dem Wurfspieß.
Mehr doch als alle die Waffen – ein Herz, das erfüllt ist vom Mute.

Als er betreten den Hain und erblickt die gemordeten Männer –
Über die Leichen gestreckt den gewaltigen Körper des Siegers,
Der mit der blutigen Zunge noch schleckt an den gräßlichen Wunden,
»Rächer will ich«, so ruft er, »ihr Treuesten, eueres Todes
Oder Gefährte euch sein!« Er ergreift mit der Rechten ein Felsstück,
Schleudert es fort mit großer Gewalt, den riesigen Brocken.
Selbst eine mächtige Mauer – zum Himmel ragen die Zinnen –
Hätte gebebt vor dem Prall. Doch der Drache blieb ohne Verwundung.
Wie mit dem Harnische deckten sein Fell die mächtigen Schuppen,
Wehrte die Härte der dunklen Haut ihm ab alle Schläge.
Nicht aber konnte die Härte der Haut die Lanze besiegen.
Tief drang diese hinein in des Rückens geschmeidigen Bogen,
Und es senkte sich ganz der Stahl hinab in die Weichen.
Wütend im heftigen Schmerz, den Kopf nach rückwärts gewendet,
Wird er der Wunde gewahr und zerbeißt am Schafte den Wurfspeer,
Rüttelt an ihm mit großer Gewalt bald hierhin, bald dahin,
Reißt aus dem Rücken ihn dann, doch der Stahl bleibt tief im Gedärme.
Nun aber, da zum gewöhnlichen Zorn sich die frische Verwundung
Fügte, da schwollen dem Wurm vom Blut in der Kehle die Adern,
Und ein schäumender Geifer umfloß den verpestenden Rachen.
Unter den Schuppen erdröhnte die Erde; wie Atem der Hölle
Qualmt aus dem Rachen ein dunstiger Hauch und verpestet die Lüfte.
Bald nun krümmt er und ringelt den Leib in unendlicher Windung,
Bald wieder reckt er ihn auf, einem ragenden Balken vergleichbar.

Nunmehr stürmt er voran wie ein regengeschwollener Gießbach,
Und mit dem Leibe zerdrückt er den Wald, der entgegen sich stellte.
Cadmus weicht nur ein wenig zurück: mit dem Felle des Löwen
Fängt er den Stürmenden auf und streckt ihm entgegen die Lanze,
Hemmt das drohende Haupt. Doch der Tobende knirscht an dem harten
Stahl mit vergeblichem Biß und schlägt in die Spitze die Zähne.
Blut schon begann zu fließen vom giftigen Gaumen des Untiers
Und zu verfärben mit Tropfen die ringsum grünenden Gräser.
Aber die Wunde ist leicht nur bisher: von dem Speere getroffen,
Zog er zurück den verwundeten Hals und weichend verwehrt er
Festzusitzen dem Streich und tief in den Rachen zu dringen.
Da aber drängte Agenors Sohn ohne Gnade das Eisen
Tief in die Gurgel des Wurms, bis den Weichenden hemmt eine Eiche:
Fest mit dem Holze zugleich durchbohrt er den Nacken des Tieres.
Nunmehr beugt sich der Baum, gekrümmt vom Gewichte des Drachen,
Stöhnend seufzte der Stamm, von dem zuckenden Schwanze geschlagen.
Während der Sieger den Umfang bestaunt' des bezwungenen Feindes,
Hörte er plötzlich den Ruf – woher, war nicht zu entdecken,
Aber er wurde gehört! –: »Was schaust du, o Sohn des Agenor,
Dort auf den toten Drachen? Du selbst wirst als Drache bestaunt sein!«
Lange in Schrecken erstarrt, verlor er Besinnung und Farbe,
Und es sträubte das Haar sich, von kaltem Entsetzen ergriffen.
Siehe, da gleitet des Helden Betreuerin Pallas vom Himmel,
Tritt zu ihm hin und gebietet, die Zähne des Drachen zu senken
Tief ins gelockerte Erdreich als Saat für künftige Völker.
Cadmus gehorcht und öffnet mit lastendem Pfluge die Furche,

Sät – dem Befehle gemäß – die Zähne als Keim für die Menschen.
Bald schon – wer glaubt es? – begann sich die Scholle allmählich zu rühren,
Und es erschienen zuerst aus der Furche die Spitzen der Lanzen,
Bald auch der Häupter Bedeckung, mit buntem, nickendem Helmbusch.
Schultern hierauf und die Brust und die waffenbelasteten Arme
Treten hervor, und es wächst die Saat schildtragender Helden.
Ähnlich erscheinen, sooft nach dem festlichen Spiele der Vorhang
Steigt, allmählich die Bilder daran, zuerst das Gesicht nur,
Langsam das übrige dann, bis in ruhigem Zuge sich hebend
Ganz sie sich zeigen, die Füße zuletzt am untersten Rande.
Cadmus, vom Feinde erschreckt, will die Waffen ergreifen:
»Halt«, ruft einer vom Volk, das die Erde soeben geboren,
»Laß sie und menge dich nicht in den inneren Streit der Gefährten!«
Sprach's und schlug schon einen der erdgeborenen Brüder
Nieder mit eisigem Schwert – und fällt von dem Speer aus der Ferne.
Der ihn dem Tode geweiht, er lebt nicht länger als jener:
Wieder verhaucht er sogleich den Geist, den er kaum erst empfangen.
Alle nun rasen, wie jene es zeigten: im Kampf miteinander
Fallen die plötzlich entstandenen Brüder an eigenen Schlägen.
Meist bedeckte die Jugend, die flüchtiges Leben erlost hat,
Schon mit zuckender Brust den blutigen Boden der Mutter:
Fünf nur blieben zurück, und einer davon war Echion.
Pallas Athenens Mahnung getreu, wirft weg er die Waffen,
Bittet und schenkte den Brüdern hierauf den Bund eines Friedens.
Diese zu Helfern am Werk gewinnt der sidonische Fremdling,
Als er erbaute die Stadt nach dem Schicksalsspruch des Apollo.

PYRAMUS UND THISBE

Pyramus, unter den Knaben der weitaus schönste, und Thisbe,
Herrlichste unter den Mädchen, so weit sie der Osten geboren,
Wohnten, sich nah, in der Stadt, die einst – so berichtet die Sage –
Schützend Semiramis hatte mit Mauern aus Backstein umschlossen.
Beide wurden bekannt und als Nachbarkinder vertraulich.
Langsam keimte die Liebe; auch hätte die Eh' sie verbunden,
Aber die Väter verwehrten's; was zu verwehren unmöglich:
Beiden entbrannte das Herz in gleicher Lieb' zueinander.
Niemand wußte darum: sie sprachen durch Zeichen und Winke,
Und je stärker bedeckt, um so heftiger lodert das Feuer.
Dünn nur war da ein Spalt in der Wand, schon einstens entstanden,
Als man sie baute, den beiden Häusern gemeinsam.
Durch Jahrhunderte hatte die Lücke noch niemand gesehen,
Ihr entdeckt sie zuerst, ihr Verliebten – was sieht nicht die Liebe? –
Fandet auch hier einen Weg, durch welchen gefahrlos und sicher
Zärtliches Liebesgeflüster die Wand zu durchdringen vermochte.
Oft, wenn Pyramus hier und drüben Thisbe gestanden
Und sie im Wechsel den Atem des Mundes zart nur verspürten,
Sprachen sie: »Neidische Wand, was hemmst du der Liebenden Sehnsucht?
Wär' es so arg, uns mit ganzem Leibe umfangen zu lassen
Oder – wenn dies schon zu viel – dich unseren Küssen zu öffnen?
Dennoch danken wir dir und bekennen uns gerne als Schuldner,
Läßt du doch unser Wort zum Ohre des Liebsten gelangen.«
Solches sprachen sie oft und vergeblich, getrennt durch die Mauer –
Sagten sich erst zur Nacht: Leb wohl! und gaben ein jeder

Küsse der eigenen Wand, die nicht auf die andre gelangten.
Wenn der folgende Morgen die nächtlichen Sterne verjagte,
Und auf den Pflanzen den Tau die Sonnenstrahlen getrocknet,
Nähern sie sich dem gewohnten Ort: sie beschließen nach vielen
Leise geflüsterten Klagen, das Schweigen der Nacht zu benützen
Und – den Wächtern verborgen – ganz still aus den Toren zu weichen.
Wenn sie das eigene Haus und die Dächer der Stadt dann verlassen –
Daß in dem weiten Gefild auch keiner verfehle den andern,
Wollten zum Grabe des Ninus sie kommen, im Schatten des Baums sich
Bergen. Ein Maulbeerbaum, mit schneeigen Früchten behangen,
Stand dort ragend zur Höh', ganz nah der erfrischenden Quelle.
So der Beschluß. Bald senkte die Sonne sich, ihnen zu langsam,
Jäh in die Flut: aus denselben Fluten erhob sich die Nacht schon.
Sacht dreht Thisbe die Tür in der Angel und huscht in das Dunkel
Leise hinaus mit verhülltem Gesicht; von keinem gesehen,
Kommt sie zum Hügel heran und sitzt im Schatten des Baumes,
Kühn durch Liebe geworden: doch siehe, da naht eine Löwin,
Dunkel vom Blute der Rinder den geifernden Rachen gerötet,
Um ihren Durst zu löschen im Born der benachbarten Quelle.
Diese gewahrte von fern im Mondschein Babylons Tochter
Thisbe und flieht mit zitterndem Fuß in das Dunkel der Höhle,
Läßt aber fliehend zurück den Schleier, der Schulter entgleitend.
Als nun die Löwin den Durst voll Gier in der Quelle gelöscht hat,
Findet sie, heim sich wendend zum Wald, doch ohne das Mädchen
Dort das dünne Gewand und zerreißt es mit blutigem Rachen.
Später gekommen, erkennt im tiefen Sand an den Spuren
Pyramus bald das gefährliche Tier und erbleicht vor Entsetzen.
Als er dazu noch den Schleier gefärbt vom Blute gefunden,
Ruft er: »So möge die nämliche Nacht zwei Liebende töten.
Würdiger ist sie fürwahr eines längeren Lebens gewesen,

Schuldig bin ich allein, ich habe dich, Ärmste, getötet,
Der ich kommen dich hieß bei Nacht zur grausigen Stätte.
Selbst aber kam ich zu spät. Verschlinget auch meine Gebeine,
Reißt mein schuldiges Herz mit wütenden Bissen in Stücke,
All ihr Löwen, die hier im Felsengeklüfte ihr hauset.
Doch sich den Tod nur zu wünschen ist feig!« Den Schleier der Thisbe
Hebt er und trägt ihn zum Schatten des Baums, den sie früher bestimmten,
Netzt mit Tränen das teure Gewand und deckt es mit Küssen,
Rufend: »Empfange nunmehr aus meinem Blute den Trunk auch!«
Dann versenkt er den Stahl, den er trug, sich tief in die Weichen
Und reißt sterbend ihn ohne Verzug aus der brennenden Wunde.
Rücklings sank er zu Boden und hochauf spritzte sein Blut da:
Anders nicht strömt, wenn die bleierne Röhre, durch Stöße beschädigt,
Platzt, aus dem schmalen Spalt der Strahl des zischenden Wassers
Weithin empor, durchbrechend die Luft im mächtigen Bogen.
Dunkel vom Blute bespritzt, verwandeln die Früchte des Baumes
Rasch ihre Farbe; es troff die Wurzel, vom Blute durchtränkt, und
Färbte mit purpurnem Rot des Baumes hangende Früchte.
Siehe, da kommt, noch zagend, um nicht den Freund zu versäumen,
Thisbe zurück und sucht den Geliebten mit Herz und mit Augen,
Wünscht schon, ihm zu berichten, wie großer Gefahr sie entronnen.
Da sie den Ort nun erkennt und den Baum in der Nähe betrachtet,
Zweifelt sie, ob er es sei, da die Farbe der Frucht sich geändert.
Während sie schwankt, gewahrt sie, vom Blute umflossen, am Boden
Zuckende Glieder, da weicht sie zurück, so bleich wie der Buchsbaum
Ward ihr Gesicht, sie erschauert, der Fläche des Meeres vergleichbar,

Das nur leise erzittert, von zarten Lüften bestrichen.
Wie sie aber verweilend den eignen Geliebten erkannte,
Schlägt sie mit peitschendem Schlag den Arm, der Schuldloses leidet,
Und zerrauft sich das Haar und, den Leib des Geliebten umfassend,
Füllt sie die Wunde mit Tränen, das Blut mit den Zähren vermischend,
Und bedeckt die erkalteten Wangen mit zärtlichen Küssen.
»Pyramus«, ruft sie, »o sprich, welch Unfall hat dich entrissen?
Pyramus, antworte doch, dein Lieb, die treueste Thisbe,
Ruft! So höre doch, hebe dein niedergesunkenes Antlitz!«
Als er den Namen gehört, da schlug im Tod noch die Augen
Pyramus auf und schließt sie für immer, das Mädchen erkennend.
Als sie den Schleier erblickt und die elfenbeinene Scheide
Ohne das Schwert, da ruft sie: »Die eigene Hand, deine Liebe
Hat dich ermordet, Unsel'ger! Auch mir ist die Hand, ist die Liebe
Tapfer genug für die Tat! Sie leiht mir Kraft, mich zu treffen!
Folgen will ich dem Toten, dann heiß ich deines Verderbens
Grund und Begleiterin auch! Den der bittere Tod mir entreißen
Konnte allein – weh mir! – ihn soll mir der Tod nicht entreißen!
Eines nur bitt ich von euch – und ich spreche für mich und den Liebsten,
Eltern von mir und Eltern von ihm, unglücklich doch beide,
Uns, die untrennbare Lieb' und die letzte Stunde verbunden,
Neidet uns nicht die Ruhe im gleichen Grabe beisammen!
Du aber, Baum, der du hier den elenden Körper des einen
Unter den Ästen birgst – bald wirst du den andern auch bergen –
Wahre ein Zeichen des Mordes und trag in beständiger Trauer
Ewig die düstere Frucht zu des doppelten Mordes Erinnrung.«
Sprach's und setzte den Dolch sich tief an die herznahe Brust und
Stürzte sich dann in das Eisen, das warm noch war von dem Morde.
Doch ihre Bitten erschüttern die Götter, erschüttern die Eltern.
Schwarz seitdem ist die Farbe der Beeren, sobald sie gereift sind,
Was aber sterblich geblieben, es ruht in der nämlichen Urne.

DER RAUB DER PROSERPINA

Tief ist der See, der sich nahe den Mauern von Henna befindet,
Pergus nennt man ihn dort. Nicht öfter hört der Caystrus
Lieder der Schwäne an ruhig gleitenden Wellen als jener.
Wald umschließt das Wasser von allen Seiten; mit Blättern
Wehrt er wie mit dem Tuche den sengenden Strahlen der Sonne.
Kühlung spenden die Äste und purpurne Blumen die Erde.
Ewig währt dort der Lenz. Proserpina spielte im Haine,
Pflückte sich Blumen wie: dunkle Violen und glänzende Lilien,
Füllt sich in kindlichem Spiel den Korb und den Bausch des Gewandes,
Immer bestrebt, die andern im Suchen und Sammeln zu schlagen.
Kaum erblickte sie Pluto, da liebt er sie schon und entführt sie.
So sehr trieb ihn der Liebe Gewalt. Doch die Göttin – erschrocken –
Ruft voller Klage die Mutter, Gespielinnen, öfter die Mutter,
Und indem sie ihr Kleid sich zerriß am obersten Saume,
Fielen die Blumen herab aus dem niedersinkenden Kleide.
Aber ihr kindliches Herz war von solcher Einfalt durchdrungen,
Daß selbst dieser Verlust ihr die Seele in Schmerzen erregte.
Doch der Räuber jagt seinen Wagen und jedes der Rosse
Ruft er mit Namen und mahnt es zur Eil'; auf den Hals und die Mähnen
Läßt er die Zügel fallen, die gefärbt sind in dunkelstem Rote,
Fährt über tiefe Seen hinweg und die Sümpfe Palicas –
Dampfend von stinkendem Schwefel und heiß die Erde durchbrechend.
Dort, wo des Bacchis Geschlecht aus Korinth – das an zweifachem Meere
Liegt – eine Stadt sich erbaute an ungleichartigen Häfen
Zwischen Cyanes Wasser und Pisas Quell, Arethusa,

Engt sich das Meer, umschlossen von zwei sich nähernden Hörnern.
Hier war Cyane einst – sie gab dem Sumpf auch den Namen –
Unter sizilischen Nymphen am meisten berühmt und geachtet.
Über die Fläche des Wassers erhob sich damals die Nymphe
Und erkannte die Göttin und rief: Du gehst nicht mehr weiter!
Kannst ohne Ceres die Braut nicht gewinnen; mußt sie doch bitten!
Raub ist verboten! Und ist es erlaubt mir, das Große dem Kleinen
Hier zu vergleichen, so höre: auch mich hat geliebt einst Anapus,
Aber er warb um mich, nicht zwang er durch Furcht mich zur Hochzeit.
Sprach's und stellte sich ihm in den Weg, ausbreitend die Hände
Dahin und dorthin. Den Zorn hielt Pluto nicht mehr zurück und
Spornte die furchtbaren Rosse und stieß in die Tiefe des Abgrunds –
Schwingend mit mächtigem Arm – gewaltsam das Zepter des Königs.
Weitauf klaffte der Boden und bahnte getroffen den Weg ihm
Und empfing in der Mitte des Schlundes den stürzenden Wagen.
Kummererfüllt war Cyanes Herz um den Raub an der Göttin
Und die verachteten Rechte des Quells. Die unheilbare Wunde
Trug sie im stillen bei sich und verzehrt sich völlig in Tränen,
Bis sie im nämlichen Wasser zerfloß, dem schützende Göttin
Sie gewesen bisher. Man sah ihren Leib sich erweichen,
Biegsam wurden die Knochen, es schwand aus den Nägeln die Härte.
Flüssig wurden zuerst die zarteren Teile des Körpers,
Erst ihr bläuliches Haar, dann die Finger und Füße und Schenkel.
Denn leicht konnten zergehn in den kühlenden Wellen die dünnen
Glieder an ihr. Danach die Schultern, die Seiten, der Rücken –
Und zu rieselnden Bächen entschwinden vergehend die Brüste.

Statt des lebendigen Bluts quillt Wasser nun durch die versehrten
Adern, und nichts mehr bleibt, was den Händen greifbar gewesen.
Fruchtlos hatte die Mutter indes, besorgt um die Tochter,
Diese zu Lande gesucht, gesucht in der Tiefe des Meeres.
Niemals sah sie Aurora, sich hebend mit tauigen Haaren,
Daß sie gerastet am Weg, nie Hesperus. Leuchtende Fichten
Nahm sie in beide Hände, entzündet am Feuer des Ätna,
Trug sie, ohne zu ruhn, hinaus durch das frostige Dunkel.
Wenn vor dem heiteren Tag die Sterne verblichen, dann ging sie
Wieder von Westen bis Osten zurück, um die Tochter zu suchen.
Müd von der Wanderung dürstete sie, und die trockene Lippe
Hatte kein Quell noch genetzt, da sah sie ein niederes Häuschen,
Nur mit Stroh überdeckt; sie klopft an die Tür, und entgegen
Tritt ihr ein Mütterchen; es erkennt sie als Göttin und reicht ihr
Statt des erbetenen Wassers den Trank aus gerösteter Gerste.
Während sie trinkt, tritt hin vor die Göttin ein trotziger Bube,
Frechen Gesichts, und lachte sie aus und nannte sie gierig.
Zornig darüber gießt sie den Rest, der im Becher noch übrig –
Klares mit Hefe gemischt – dem Sprechenden über das Antlitz.
Fleckig wird diesem der Mund und, was er als Arme bewegt hat,
Regt er als Beine hinfort; im Schwanze enden die Glieder.
Daß er nicht schaden könne, so schrumpft sein Körper zusammen
Und wird kürzer sogar als der Leib der winzigen Echse.
Während die Alte erstaunt und weint und hascht nach dem Tiere,
Flieht es vor ihr und verbirgt sich. Den Namen erhielt's von der Farbe,
Weil es am Leibe bestreut ist mit mannigfarbigen Flecken.
Aufzuzählen die Länder, die Meere, durch welche die Göttin
Irrte, es wäre zu lang. Nichts blieb zu durchsuchen auf Erden.
Wieder kehrt sie zurück nach Sizilien; forschend im Gehen
Kommt sie zu Cyanes Quell. Wär' sie nicht verwandelt gewesen,
Hätte sie alles erzählt; doch Mund und Zunge gebrachen,
Wenn sie auch reden gewollt; sie hatte kein Mittel zum Sprechen.

Aber sie gab ein deutliches Zeichen, der Mutter verständlich:
Dort an dem heiligen Quell war entglitten Persephones Gürtel.
Diesen hob sie herauf aus den Wellen und zeigt ihn der Mutter.
Als ihn die Göttin erkannt, zerrauft sie die flatternden Haare –
Gleich als wüßt' sie erst jetzt, daß die Tochter durch Raub ihr entrissen –
Und mit den Fingern der Hand zerschlägt sie sich wieder den Busen.
Nicht noch kennt sie den Ort, doch schon alle Länder verwünscht sie,
Schilt sie undankbar, nicht wert des Geschenkes der Feldfrucht,
Aber Trinacria mehr als die andern, weil hier sie des Raubes
Spuren entdeckt. Drum brach sie die schollenzerkleinernden Pflüge
Zornig entzwei mit eigener Hand und weihte voll Rasens
Bauern und Tiere dem Tod. Den Feldern aber befiehlt sie,
Vorzuenthalten die Saat; die Körner verdirbt sie im Acker.
All der Segen der Fluren, bekannt über Länder und Meere,
Liegt nun darnieder. Es stirbt in den sprießenden Halmen die Aussaat,
Bald von der Sonne gedörrt, bald vernichtet vom heftigen Regen.
Sterne schaden und Winde zugleich. Und die gierigen Vögel
Picken die Saaten im Feld. Und den keimenden Weizen ersticken
Lolch und stachliger Dorn und nicht zu vertilgendes Unkraut.
Aus dem elischen Quell erhob ihr Haupt Arethusa,
Streicht ihr triefendes Haar von der Stirn zu den Ohren zurück und
Sprach: »O Mutter der Früchte und Mutter des Mädchens, da lang du
Und vergebens gesucht auf der Welt, halt ein mit den Nöten,
Zürne der Erde nicht mehr, die dir in Treue ergeben.
Schuldlos ist sie am Raub und hat sich nicht gerne geöffnet.
Nicht für die Heimat gilt mein Flehn: ich kam ja als Gast her.
Pisa ist meine Heimat: ich stamme von Elis. Als Fremde
Wohne ich hier in Sizilien: mehr als anderer Boden

Ist mir lieb dieses Land. Hier hat Arethusa Penaten,
Hier einen eigenen Sitz. Ihn rette mir, gnädige Göttin!
Aber warum ich die Heimat verließ, durch die Wogen des Meeres
Nach Ortygia kam, dies alles dir zu erzählen,
Kommt die gelegene Zeit, wenn, befreit von drückender Sorge,
Heiter geworden dein Sinn. Mir bietet Durchgang die Erde
Mitten durch sich; durch tiefste Grotten und Höhlen gewandert,
Hebe ich hier mein Haupt zu den lang entbehrten Gestirnen.
Während am stygischen Strom ich vorbeifloß unter der Erde,
Sah ich Proserpina dort, dein Kind, mit eigenen Augen.
Traurig ist sie zwar noch, nicht frei von Ängsten ihr Antlitz,
Doch sie ist Königin dort, die größte im Reiche der Schatten,
Ist die waltende Frau beim Herrn des düsteren Reiches.«
Wie sie die Kunde vernahm, stand starr wie ein Felsen die Mutter,
Gleich als sei sie vom Donner gerührt. Doch die Macht der Betäubung
Wich dem gräßlichen Schmerze zuletzt. Dann fuhr mit dem Wagen
Jäh sie zu Himmelshöhn und trat mit umwölktem Gesichte
Vorwurfsvoll zu Jupiter hin – es fliegen die Haare:
»Für mein Blut komm bittend ich her, o Jupiter!« sprach sie,
»Und für das deine zugleich. Hast Gnade du nicht für die Mutter,
Rühre den Vater das Kind und sei nicht minder um jene
Treulich besorgt, weil sie nur aus meinem Schoße entsprungen.
Lange suchte ich sie: nun hab ich sie endlich gefunden,
Wenn du finden es nennst, sie sicherer nur zu verlieren.
Aber ich weiß, wo sie ist. Den Raub, ich will ihn verzeihen,
Gibt er sie wieder zurück. Ein Räuber als Gatte gebührt wohl
Nicht deiner Tochter, wenn er der meinen vielleicht noch gebührte!«
Jupiter sagte darauf: »Gemeinsam sei Pfand und Verpflichtung
Mir deine Tochter wie dir! Doch willst du mit richtigem Namen
Nennen die Tat: was geschah, es geschah nicht aus Unrecht!

Liebe hat es gemacht, und ich schäme mich nicht dieses Eidams,
Wenn du nur, Göttin, ihn magst. Laß anderes fehlen, wieviel schon
Gilt es, mein Bruder zu sein. Doch bedenke, das übrige fehlt nicht!
Denn durch das Los nur steht er mir nach. Aber schmerzt dich zu sehr die
Trennung von ihr, so kehre Proserpina heim in den Himmel,
Doch unter dieser Bedingung, daß keine Speise berührt hat
Dort noch ihr Mund: so steht es beschlossen im Rate der Parzen.«
Jupiter sprach's. Und Ceres erhofft, sich die Tochter zu holen.
Aber das Schicksal läßt es nicht zu: denn es hatte das Mädchen
Schon dem Fasten entsagt: ohne Arg im Garten lustwandelnd,
Hatte sie einst vom Aste gebrochen den purpurnen Apfel,
Sieben Kerne sodann aus der gelben Schale genommen
Und mit den Lippen zerdrückt. Ascalaphus hatte allein nur
Dieses gesehn: ihn hatte, erzählt man, Orphne geboren,
Die die berühmteste war in der Schar der avernischen Nymphen,
Dort im dunkelsten Wald, aus Acherons Liebe entsprungen.
Dieser nun sah es und raubt durch Verrat ihr grausam die Heimkehr.
Tief aufseufzte die Herrin des Erebus. Aber den Zeugen
Macht sie zum Vogel, das Haupt, mit Phlegethons Wasser umgossen,
Formt sie zu Schnabel und Federn und mächtig glotzenden Augen.
Seiner Gestalt nun beraubt, erhält er ein braunes Gefieder
Und wird dicker am Kopf und krümmt weitgreifende Krallen.
Kaum nur hebt er mit schwachem Arm die gewachsenen Federn,
Wird ein häßlicher Vogel, ein Bote der kommenden Trauer,
Hockt als Uhu herum, den Menschen ein gräßliches Schreckbild.
Dieser jedoch hat die Strafe verdient ob des schnöden Verrates.
Aber warum dann traget auch ihr, acheloische Nymphen,
Füße wie Vögel und Flaum, und habt doch die Köpfe von Mädchen?

Wart ihr denn nicht, da die Blumen des Lenzes Proserpina pflückte,
Auch in der Schar der Gefährtinnen dort, ihr klugen Sirenen?
Als ihr sie dann vergebens gesucht in den Ländern der Erde,
Wünschtet ihr Flügel – die Sorge dem Meere zu zeigen –
Wolltet ihr über die Fluten euch heben im Rudern der Schwingen.
Gnädig waren die Götter euch gleich, und ihr saht eure Glieder
Plötzlich sich gelb verfärben im Flaum der wachsenden Federn.
Aber daß euer Gesang, die erhabene Gabe des Mundes,
Welcher die Ohren bezaubert, den Brauch nicht verliere der Sprache,
Blieb euer Mädchengesicht und es blieb die menschliche Stimme.
Zwischen den Bruder gestellt und die trauernde Schwester,
Teilt nun Jupiter beiden das rollende Jahr in die Hälfte.
Göttin nunmehr und Herrin für beide Teile gemeinsam,
Weilt sechs Monate sie bei der Mutter und sechs bei dem Gatten.
Anders erscheint nun ihre Gestalt, ihr Herz und ihr Antlitz:
War sie bisher einem Dis sogar als traurig erschienen,
Leuchtet in Freude ihr Auge jetzt nun, wie strahlend die Sonne,
Eben von Wolken verdeckt, nun über die Wolken gesiegt hat.

NIOBE

Durch ganz Lydien geht und Phrygiens Städte die Kunde
Solchen Geschicks und erfüllte die weite Welt mit Gerede.
Niobe war mit Arachne bekannt, noch eh' sie vermählt war,
Als sie – ein Mädchen noch – am mäonischen Sipylus wohnte,
Ließ sich jedoch nicht warnen vom Los ihrer Landesgenossin,
Nachzugeben den Göttern, bescheidner in Worten zu sprechen.
Vieles erhob ihren Stolz; doch weder die Künste des Gatten
Noch ihr beider Geschlecht, noch die Macht des gewaltigen Reiches
Schmeicheln ihr sehr, obgleich ihr dies alles auch mag gefallen,
Wie ihrer Kinder Zahl. Man hätte als glücklichste Mutter
Niobe einstens gepriesen, wenn sie es sich selbst nicht geschienen.
Denn des Tiresias Tochter, die zukunftwissende Manto,
Hatte, die Straßen entlang, von göttlichem Geiste getrieben,
Also verkündet: »Kommt alle heraus, ihr ismenischen Frauen,
Spendet Latona und auch den Zwillingskindern der Göttin
Weihrauch und frommes Gebet und Lorbeer flechtet ins Haar euch!
Solches gebietet Latona durch mich.« Es gehorchen die Frauen
Alle aus Theben, sie schmücken ihr Haar mit dem Laub, wie befohlen,
Weihrauch bringen sie dar und Gebete bei heiligen Flammen.
Siehe, auch Niobe naht, umgeben von vielen Begleitern,
Prachtvoll in golddurchwirktem Gewand von phrygischer Arbeit,
Schön, soweit es der Zorn ihr erlaubt: mit dem prächtigen Haupte
Schüttelnd zugleich das Haar, das von den Schultern herabwallt,
Stand sie nun still und stolz läßt rings die Augen sie schweifen.
»Seid ihr verrückt«, so ruft sie, »daß Götter, vom Hören bekannt nur,

Ihr über sichtbare stellt? Warum verehrt ihr Latona,
Mir aber spendet ihr keinen Weihrauch? Hab doch zum Vater
Tantalus, welcher allein am Tische der Götter gesessen.
Den Plejaden verschwistert die Mutter, der mächtige Atlas
Ist mein Ahnherr; er trägt die Achse der Welt auf dem Nacken.
Jupiter, anderer Ahn, ist Schwiegervater zugleich mir.
Furcht empfinden die Phryger vor mir; im Palaste des Cadmus
Bin ich die Herrin; die Burg, von den Saiten des Gatten geschaffen,
Und die Bewohner werden beherrscht von mir und dem Gatten.
Wo ich auch immer im Hause den Blick hinwende, erblick ich
Schätze, gehäuft in unendlichem Maß; dazu noch mein Antlitz,
Würdig des Bilds einer Göttin. Und füge die Töchter und Söhne,
Sieben dazu an der Zahl und bald die künftigen Gatten.
Fragt nun euch selbst, worauf sich der Stolz meines Ruhmes begründet,
Wagt dann immerhin noch, mir vorzuziehn die Titanin,
Tochter des Cöus, Latona, der einst die unendliche Erde
Selbst nur den kleinsten Raum zu ihren Geburten verweigert.
Himmel und Wasser und Land verschlossen sich euerer Göttin,
Flüchtend irrte sie da, bis Delus sich ihrer erbarmte:
›Fremd durch die Länder irrst du umher wie ich durch die Meere!‹
Sprach's und gewährte ein schwimmendes Obdach. Kinder gebar sie
Zwei nur; dies aber ist von meinen Kindern ein Siebtel.
Glücklich bin ich! Wer leugnete dies! Und glücklich auch bleib ich!
Niemand kann das bezweifeln! Der Reichtum sichert das Glück mir.
Größer bin ich, als daß mir schaden könnte das Schicksal!
Mag es mir vieles entreißen, weit mehr noch wird es mir lassen!
So ist mein Glück über Furcht schon erhaben. Denkt nur, man könne
Einige selbst mir nehmen, verringern die Zahl meiner Kinder,
Nie doch käm' ich, beraubt, herab zu der Zahl von Latonas

Zwillingen gar: wieviel – und man könnte sie kinderlos nennen.
Opfer genug schon habt ihr gebracht, geht, geht! Aus den Haaren
Nehmt schon den Lorbeer!« Man tut's, läßt unvollendet ein Opfer,
Still im Gebet – das kann sie nicht wehren – verehrt man die Gottheit.
Tief war die Göttin verletzt. Auf dem obersten Gipfel des Cynthus
Sprach zu den Zwillingskindern Latona die folgenden Worte:
»Seht, eure Mutter, die ich so stolz auf eure Geburt bin,
Mir, die ich keiner als Juno allein von den Göttinnen weiche,
Wird meine Gottheit bezweifelt: auf ewig werd ich verdrängt sonst
Von der Altäre Verehrung, wenn ihr nicht, Kinder, mir beisteht.
Doch dies schmerzt nicht allein. Denn es fügte zu häßlichem Frevel
Tantalus' Tochter die Schmähung: euch nachzusetzen den eignen
Kindern hat sie gewagt. Mich nannte sie – träf' es sie selber! –
Kinderlos gar und bewies da die boshafte Zunge des Vaters.«
Schon will dieser Erzählung Latona noch Bitten hinzutun,
Phöbus doch sprach: »Halt ein, dein Klagen verschiebt nur die Strafe!«
Ähnliches sprach auch Phöbe: im schnellen Flug durch die Lüfte
Kamen sie, wolkenumhüllt, hinab zur Burghöh' von Theben.
Eben und weithin dehnt sich ein Feld in der Nähe der Mauern,
Stets von tummelnden Rossen zerstampft; der Räder Getümmel
Und das Schlagen der Hufe hatten zerstampft am Boden die Schollen.
Dort nun hatte ein Teil von Amphions mutigen Söhnen
Eben die feurigen Rosse bestiegen, von tyrischem Purpur
Waren die Decken und schwer vom Golde der Zaum, den sie lenkten.
Einer von ihnen, Ismenus, die erste Geburt aus der Mutter

Schoß – wie er eben sein Roß zum Lauf in sicheren Bahnen
Wendet und kreist und das schäumende Maul im Traben noch zügelt,
Schreit er: »Weh mir!« und trägt inmitten des blutenden Herzens
Schon einen Pfeil; es entgleiten den sterbenden Händen die Zügel,
Und von dem Buge nach rechts sinkt langsam nieder der Leichnam.
Sipylus, diesem zunächst, der das Klirren des Köchers im leeren
Raume gehört, läßt rennen das Pferd. Wie der kundige Schiffer,
Sieht er die Wolke, dem Regen entflieht und die hängenden Segel
Rasch von der Rahe herabläßt, den leisesten Wind zu erhaschen,
So ließ jener die Zügel; doch unausweichlich erreicht auch
Ihn das Geschoß; und der zitternde Pfeil dringt tief in den Nacken
Hoch im Genick, und blank aus der Kehle drang ihm das Eisen.
Über die Mähne den stürmenden Hals, so stürzt er nach vorne,
Wie er sich hielt, und färbt mit dem warmen Blute den Boden.
Phädimus auch, der arme, und Tantalus, der seines Ahnherrn
Namen geerbt, begannen nach eben vollendeter Arbeit,
Wie es der Jünglinge Art, das Spiel des glänzenden Ringens
Brust an Brust; so standen sie da in enger Umschließung
Fest aneinander gepreßt, da traf, von der Sehne geschnellt, sie,
Wie sie umschlungen sich hatten, der Pfeil, durchbohrte sie beide.
Tief nun seufzen sie auf und krümmen zugleich ihre Glieder,
Sinken zu Boden zugleich, und es brechen ihnen die Augen
Beiden zugleich, sie hauchen vereint im Sterben den Geist aus.
Diese gewahrte Alphenor; die Brust mit Schlägen zerfleischend,
Eilt er hinzu, um sanft die erstarrenden Glieder zu heben.
Aber er fällt im Dienst seiner Liebe: denn Phöbus Apollo
Stößt bis tief in das Herz das schicksalbringende Eisen.
Kaum nur zieht er's heraus: da haften am Haken des Pfeiles
Fetzen der Lunge. Die Seele entweicht mit dem Blut in die Lüfte.

Wallenden Haars noch, erlag einem doppelten Schuß
Damasichthon.
Erst ereilt ihn der Pfeil, wo der Schenkel beginnt und die starken
Sehnen des Knies sich allmählich zur weichen Kehle vertiefen.
Während er strebt, mit der Hand den verderblichen Pfeil zu entfernen,
Dringt ihm ein anderer Pfeil bis zur Feder hinein in die Kehle.
Blut treibt diesen heraus, und hoch in die Lüfte geschleudert
Schießt er empor und durchbohrend den Raum fällt fern er zu Boden.
Einer noch lebte zuletzt, Ilioneus. Dieser erhob zwar
Bittend die Arme – umsonst: »O ihr Götter alle gemeinsam«,
Rief er – nicht ahnend, daß nicht zugleich sie alle zu rufen –
»Schont mich!« – Er rührte Apoll, doch unwiderruflich entflogen
War schon der Pfeil. Doch starb an der leichtesten Wunde der Knabe.
Denn in das zarteste Herz war sanft nur gedrungen die Spitze.
Groß war im Volke der Schmerz. Das Gerücht und die Tränen der Freunde
Trugen zur Mutter hinüber die Kunde des plötzlichen Unglücks.
Götter können so viel? So staunt sie und zürnt in Erregung,
Daß sie solches gewagt und so groß der Unsterblichen Recht sei.
Doch der Vater Amphion stieß tief in das Herz sich das Eisen
Und mit dem Tode zugleich beendet er Leben und Kummer.
Wie war Niobe jetzt so anders als Niobe einstens,
Die noch eben das Volk von Latonas Altären verwiesen
Und noch inmitten der Stadt erhobenen Hauptes geschritten,
Selbst von den Freunden beneidet, nun auch von den Feinden bedauert.
Auf die Erkalteten wirft sie sich hin und – ohne zu wählen –
Gibt sie all ihren Söhnen die letzten Küsse zum Abschied,
Hebt dann von ihnen empor die blauen Arme zum Himmel:
»Weide dich nun, du grausame Göttin, an unserem Schmerze,
Stille dein wildes Gemüt! Und siebenmal geh ich zu Grabe!
Juble nun über den Sieg und jauchze, du siegende Feindin!

Siegerin du? Es bleiben noch mehr mir übrig im Elend,
Als dir im Glücke verbleiben: ich siege noch trotz dieser Leichen!«
Niobe sprach's: da klang vom gespannten Bogen die Sehne.
Alles erschrak – nur Niobe nicht – in kaltem Entsetzen.
Hart schon macht sie das Leid. Gehüllt in dunkle Gewänder
Standen die Schwestern, die Haare gelöst, an den Bahren der Brüder.
Eine von ihnen zog sich den Pfeil, der tief in dem Leibe
Stak, und sterbend entsank sie, den Mund am Munde des Bruders.
Trost will spenden die andre der unglückseligen Mutter,
Doch sie verstummte sogleich, an verborgener Wunde sich krümmend.
Fliehend umsonst starb diese dahin, es stirbt auf der Schwester
Jene dazu, es verbirgt sich die eine, die andere zittert.
Sechs erlitten den Tod, an verschiedenen Wunden erlegen.
Nur die letzte verblieb: mit dem Leibe deckt sie die Mutter,
Deckt mit dem Kleid sie: »Die einzige laß mir, die jüngste,
Eine ja nur« – ruft sie – »von den vielen, die jüngste begehr ich.«
Während sie ruft, sinkt schon die erflehte. So sitzt sie vereinsamt
Zwischen den toten Söhnen, den Töchtern und ihrem Gemahle,
Und sie erstarrte im Leid: keine Locke mehr flattert im Winde.
Bleich ist ganz ohne Blut das Gesicht, in traurigen Wangen
Starrt unbewegt das Auge, das Bild ist ganz ohne Leben.
Selbst die Zunge im Mund wird mit dem Erhärten des Gaumens
Hart: es erlahmen die Adern, und stille wird langsam der Pulsschlag.
Weder biegt sich der Hals noch können die Arme sich regen,
Noch kann schreiten der Fuß. Auch im Innern ist alles versteinert.
Aber sie weint und, erfaßt vom Wirbel des kräftigen Sturmes,
Wird sie zur Heimat entrissen: dort, fest auf dem Gipfel des Berges
Bleibt sie zurück, und Tränen vergießt noch heute der Marmor.

DIE LYKISCHEN BAUERN

Nunmehr fürchten sie alle das sichtliche Grollen der Gottheit,
Männer und Frauen zugleich, und eifriger dienend verehren
Alle die göttliche Macht der Zwillingsmutter Latona.
Und sie besprechen, wie's Brauch ist, nach diesen auch frühere Taten.
Einer von ihnen begann: Auch in Lykiens fruchtbaren Feldern
Lästerten Bauern in alter Zeit nicht straflos die Göttin.
Zwar ist dunkel die Tat, da die Männer aus niederem Stande,
Sonderbar aber genug. Ich sah ja den Teich und die Stelle,
Die durch das Wunder bekannt. Mein Vater, schon alt und des Weges
Mühsale scheuend, befahl mir, von dort erlesene Rinder
Herzuholen; er gab mir mit auf den Weg einen Mann vom
Lykiervolk als Begleiter; mit ihm durchzog ich die Triften;
Siehe, inmitten des Sees, noch schwarz von der Asche des Opfers,
Stand ein alter Altar, umgeben von zitterndem Schilfrohr.
Mein Begleiter blieb stehn und sprach mit scheuem Geflüster:
»Sei mir gnädig!« und ich: »Sei gnädig!« mit gleichem Geflüster.
Ob der Altar den Nymphen geweiht, dem Faunus, so fragt' ich,
Ob einem heimischen Gott: da erzählte der Fremde mir dieses:
»Nein, mein Freund, es wohnt in diesem Altare kein Berggott.
Jene nennt ihn den ihren, der einstens die Herrin des Himmels
Alles Land untersagte: kaum nahm sie das irrende Delus
Auf, da sie innig gebeten; und Delus schwamm noch als Insel.
Hier nun gebar, an die Palme gelehnt und den Baum der Minerva,
Zwillingskinder Latona, der Stiefmutter Juno zu Trotze.
Abermals mußte vor ihr, so erzählt man, die Mutter entfliehn
Und an dem Busen trug sie die neugeborenen Götter.
Lykiens Fluren betrat schon, das Land der Chimära, die Göttin –

Furchtbar brannte die Sonne aufs Feld –, erschöpft von der Wandrung,
Dürstete sie in Qual von der dörrenden Glut des Gestirnes;
Sogen die Kinder doch gierig die Milch aus den nährenden Brüsten.
Da aber sah sie gerad eines Teiches bescheidenes Wasser
Unten im Tal: dort sammelten Binsen und buschige Weiden
Bauern soeben und Schilf, das den Sümpfen so gerne benachbart.
Dorthin kam die Titanin und beugte zur Erde die Knie,
Um mit den Lippen das kühlende Naß zum Trunke zu schöpfen.
Aber der bäurische Haufe verbot's. Da sagte die Göttin:
›Wasser verbietet ihr mir? Es gehört doch allen das Wasser!
Nicht für einen allein sind Luft und Sonne geschaffen
Oder die zarten Fluten. Ich kam zum gemeinsamen Gute.
Dennoch fleh ich euch an: o gebt es! Ich wollt' ja nicht waschen
Etwa den Leib noch meine ermatteten Glieder mir baden,
Wollte nur löschen den Durst. Dem Mund fehlt Feuchte zum Sprechen,
Trocken die Kehle, und mühsam nur bahnt sich das Wort seine Wege.
Nektar wird das Wasser mir sein: wie von neuem geboren
Würd' ich mich fühlen sogleich: ihr schenkt mit dem Wasser mir Leben.
Mögen euch diese auch rühren, die ihre Ärmchen von meinem
Busen entgegen euch strecken!‹ Sie taten's gerade, die Kleinen.
Wen nicht hätten gerührt die schmeichelnden Worte der Göttin?
Doch sie bleiben verstockt und wehren und drohen der Göttin,
Wenn sie nicht ginge, und sprechen noch lästernde Worte;
Doch es genügt ihnen nicht; sie trüben mit Händen und Füßen
Auch noch den Teich: sie wirbeln dazu mit boshaften Sprüngen
Schmutzigen Schlamm empor aus dem Grund des weichen Morastes.
Zorn läßt den Durst sie vergessen: es fleht die Tochter des Cöus
Nicht zu Verworfenen mehr, sie erträgt es mitnichten, zu sprechen
Bittende Worte als Göttin. Zum Himmel die Arme erhebend,

Sprach sie: ›So lebt denn fortan in dem Tümpel auf ewige Zeiten!‹
Und es geschah, wie die Göttin gewünscht: und es freut sie, im Wasser
Immer zu sein, bald tief in den Schlamm ihren Körper zu tauchen,
Bald den Kopf zu erheben, bald oben am Wasser zu schwimmen,
Oft an dem Ufer des Teiches zu sitzen und oft in die kühlen
Fluten zurückzuspringen. Immer noch üben sie heute
Zänkisch im Streit ihre Zungen, und ohne auf Scham nur zu achten,
Ob auch das Wasser sie deckt, keck quacken und quacken sie immer.
Rauh ist und heiser die Stimme, vom Schrei schwillt mächtig der Hals an.
Und ihr lästerndes Streiten erweitert den klaffenden Mund noch.
Häßlich der Kopf, den sie recken, der Hals scheint völlig zu fehlen.
Grün ist der Rücken und weiß ist ihr Bauch, das größte am Leibe,
Und im Schlamme hüpfen die eben verwandelten Frösche.«

DÄDALUS UND ICARUS

Dädalus haßte indessen schon Kreta, der langen Verbannung
Endlose Zeit, von Sehnsucht erfaßt nach dem Lande der Heimat.
Aber ihn hemmte das Meer. »Mag Länder und Wellen«, so sprach er,
»Jener verschließen: der Himmel steht offen. Dort werde ich gehen.
Minos mag alles besitzen, die Luft ist nimmer sein eigen.«
Sprach's und richtet den Geist auf Künste, die niemand noch kannte,
Um die Natur zu erneuern: denn er ordnet die Federn in Reihen,
Daß, von der kleinsten begonnen, die längre der kürzeren folgte:
Gleich als wüchsen am Hügel sie auf, wie die ländliche Flöte
Einst man gebunden hatte aus mählich verlängerten Halmen.
Dann verband er die Mitte mit Fäden, die Ränder mit Wachs und
Gab ihnen auch, aneinandergereiht, unmerkliche Krümmung,
Wie er am Vogel sie sah. Sein Sohn stand nahe dabei und
Haschte, nicht ahnend, daß hier sein eigenes Leben am Spiel stand,
Bald mit lachendem Mund nach dem Flaum, der im Wehen der Lüfte
Ringsum flog, bald knetet er drauf mit tändelndem Daumen
Gelbliches Wachs und störte mit kindlichem Spiele des Vaters
Wunderlich Tun. Als dieser vollendet sein Werk mit dem letzten
Griffe, da ließ der Künstler zuerst im doppelten Flügel
Hängen den eigenen Leib und schwebte im Schwunge der Lüfte.
Dann belehrt er den Sohn: »Du mußt in der Mitte des Raumes
Fliegen, mein Icarus; sinkst du im Fluge hinab, so beschwert dir
Wasser die Flügel; bei höherem Flug versengt sie das Feuer.
Beides vermeide im Flug! Sieh nicht zum Hüter des Wagens
Noch zu der Helice hin und Orions drohendem Schwerte.
Folge mir immer nur nach!« Ihm gibt er noch Lehren im Fliegen,

Fügt an die Schultern ihm dann die eben erfundenen Flügel.
Während er schafft und mahnt, wird naß die Wange des Greises,
Leise nur zittert die Hand. Da küßt der Vater den Knaben,
Küßt ihn zum letztenmal – und hoch vom Gefieder gehoben,
Fliegt er voran, besorgt um den Sohn, wie der horstende Vogel,
Wenn er die zarte Brut aus dem Nest in die Lüfte hinausführt,
Mahnt ihn, zu folgen ihm nur, und lehrt ihn verderbliche Künste,
Schwingt jetzt die eigenen Flügel und blickt auf die seines Sohnes.
Mancher – ein Fischer, der eben mit zitternder Angel den Fisch fängt,
Oder ein Hirte, gelehnt an den Stab, ein Bauer am Pflugsterz –
Sah sie und staunte darob: wer die Lüfte könne durchschreiten,
Muß wohl zu Göttern gehören. Schon hatten sie Samus zur Linken,
Junos heiliges Land, vorbei waren Delus und Parus,
Rechts an Lebynthus vorüber, am honigreichen Calymne,
Als der Knabe begann, sich am kühneren Fluge zu freuen,
Und seinen Vater verließ; von Lust nach dem Himmel gezogen,
Suchte er höhere Bahnen. Die Nähe der glühenden Sonne
Weicht ihm das duftende Wachs, das die Federn zusammengebunden.
Schmelzend schwand es dahin. Mit den nackten Armen noch schlägt er,
Aber, der Schwingen entblößt, kann die Lüfte er nicht mehr erfassen.
Und so sanken die Lippen, die eben den Vater noch riefen,
Tief in die dunkle Flut: sie erhält von ihm ihren Namen.
Doch der unselige Vater, schon nicht mehr ein Vater, er ruft ihn:
»Icarus«, ruft er, »wo bist du? Wo soll ich dich, Icarus, suchen?
Icarus«, rief er, da sah er bereits im Wasser die Federn
Und verflucht seine Kunst. Den Leichnam birgt er im Grabmal.
Nach dem Namen des Toten wird heut noch das Land dort geheißen.

PHILEMON UND BAUCIS

Endlos ist der Unsterblichen Macht, ohne Grenze und ewig
Dauert sie fort; was die Götter je wollten, ist schon vollendet.
Um nun dem Zweifel zu wehren; nah steht einer Linde die Eiche
Dort auf Phrygiens Höhn, von mäßiger Mauer umgeben.
Selber erblickt' ich den Ort: dorthin entsandte mich Pittheus,
Wo einst Pelops beherrscht, sein Vater, als König die Lande.
Dort liegt nahe ein See, bewohnte Erde vorzeiten,
Nunmehr ein sumpfiges Moor, belebt von Tauchern und Hühnern.
Jupiter kam in Menschengestalt, und es folgte dem Vater
Dort mit dem Stab der Enkel des Atlas, doch ohne die Flügel.
Tausend Gehöfte besuchten sie da und erbaten sich Obdach,
Tausend verschlossen ihr Tor, ein einziges Häuschen empfing sie,
Klein ist's gewesen, mit Stroh nur gedeckt und mit Halmen vom Schilfrohr,
Aber darin schloß Baucis und, gleich ihr an Jahren, Philemon
Einst in der Jugend den frommen Bund, in eben der Hütte
Wurden sie Greise zugleich, weil die Armut sie offen bekannten,
Machten sie diese sich leicht und ertrugen sie ruhigen Herzens.
Ob du nach Dienern, nach Herren dort suchtest, das machte nichts aus: denn
Zwei nur sind da das Haus: sie befehlen zugleich und gehorchen.
Als nun die Himmelsbewohner die kleine Hütte erreichten
Und mit dem Haupte gebeugt durch die niedere Türe getreten,
Heißt sie der Greis auf der Bank, die er hinschob, der Ruhe zu pflegen.
Rasch noch warf eine Decke darüber die emsige Baucis,
Stößt auf dem Herd auseinander die warme Asche, entblößt dann
Gluten von gestern und nährt sie mit Blättern und trockener Rinde;

Drauf mit dem keuchenden Atem entfacht sie diese zur Flamme,
Holt nun vom Boden gespaltenen Kien und trockenes Astwerk,
Bricht es entzwei und schiebt es unter den winzigen Kessel.
Kohl, den der Gatte geholt aus sorgsam bewässertem Garten,
Putzt sie fein ab; er hebt mit der doppelzinkigen Gabel
Hoch vom schwarzen Gebälk des Schweines geräucherten Rücken.
Lange verschonte er ihn: nun schneidet ein Stück er vom Fleische,
Freilich ein kleines, und kocht es recht weich im siedenden Wasser.
Aber die Stunden verkürzen sie nun mit heitren Gesprächen,
Schütteln das Polster jetzt auf – es füllt nur Schilfrohr vom Flusse –,
Das auf dem Bette gelegen aus weidenem Rahmen und Füßen.
Teppiche legten sie über die Bank, die an festlichen Tagen
Selten nur wurden gebreitet, auch sie aus billigem Tuch und
Alt schon: sie paßten durchaus in der Art zur weidenen Bettbank.
Hier nun ruhten die Götter. Geschürzt und mit zitternden Händen
Setzte die Alte den Tisch: ein Fuß von dreien war kürzer.
Doch man gleicht mit dem Steine das aus: man schiebt ihn darunter,
Eben schon ist der Tisch. Sie reiben die Platte mit Minzen,
Legen darauf zweifärbige Früchte der Jungfrau Athene,
Herbstliche Kirschen dazu, die in klarem Safte bewahrt sind,
Rettich, Endivien auch und Stücke geronnener Kuhmilch,
Eier, nur leichthin gewälzt in der milden, nicht glühenden Asche,
Alles auf irdnem Geschirr. Sie stellen daneben den Mischkrug,
Der aus dem nämlichen »Silber« geformt, und Becher, gemacht aus
Buche und innen im Bauch verklebt mit gelblichem Wachse.
Wenig später, da sendet die warmen Speisen der Herd schon.
Wieder kredenzt man denselben Wein von neuester Lese.
Schob ihn ein wenig zur Seite, um Platz für den Nachtisch zu haben.
Nüsse und karische Feigen, gemischt mit der runzligen Dattel,

Pflaumen und duftende Äpfel, in offenen Körben geboten,
Saftige Trauben dazu, von purpurner Rebe gesammelt,
Ringsum Waben mit glänzendem Honig. Aber als bestes
Freundliche Mienen der Wirte und gerne gebender Wille.
Doch sie bemerkten indes, wie der Krug, sooft man ihn leerte,
Immer von neuem sich füllt und von sich aus das Glas wieder voll war.
Über das Wunder erstaunt, voll Angst, mit erhobenen Händen
Stammelt Gebete die Alte, Gebete noch zitternd Philemon,
Bitten um Gnade dafür, daß das Mahl nur in Eile bereitet.
Jetzt – da gab es im Haus eine Gans, zur Wache der Hütte,
Diese wollten die Hausherrn den himmlischen Gästen nun schlachten.
Schnell mit den Flügeln, ermüdet das Tier die erlahmenden Alten,
Spottet ihrer im Spiel und schien sich zuletzt zu den Göttern
Selber zu flüchten. Da wehrten die Himmlischen, diese zu töten.
»Götter sind wir!« so sprachen sie jetzt, »doch die ruchlosen Nachbarn
Werden es büßen, wie's ihnen gebührt; ihr sollt von dem Unglück
Aber bewahrt sein. Auf, verlaßt sogleich nun die Hütte,
Folgt nur unserem Schritt und hinauf zur Höhe des Berges
Wandert mit uns!« Die beiden gehorchen; gestützt auf die Stöcke
Streben sie sich, den lang ansteigenden Berg zu erklimmen.
Nur mehr so weit, als ein Pfeilschuß reicht, sind entfernt sie vom höchsten
Gipfel: da blicken sie um – und alles im Sumpfe versunken
Sehen sie da ringsum. Ihre Hütte allein war noch übrig.
Während sie staunen darob und das Schicksal der Ihren beweinen,
Wandelt die alte Hütte, die kaum zwei Leuten genügt hat,
Plötzlich zum Tempel sich um: die Stützen werden zu Säulen.
Goldgelb erglänzt das Stroh, und das Dach erstrahlt schon im Golde,

Kunstvoll mit Bildern geschmückt sind die Tore, von Marmor der Boden.
Jupiter also begann und sprach mit gnädiger Stimme:
»Sagt mir nun, redlicher Greis und eines redlichen Gatten
Werte Gemahlin, was wünscht Ihr?« Mit Baucis sprach nun Philemon
Weniges nur und eröffnet dem Gott die gemeinsame Bitte:
»Eure Priester zu sein und eure Tempel zu hüten,
Bitten wir euch, und da wir in Eintracht die Jahre verbrachten,
Nehme dieselbe Stunde uns fort: ich möge der Gattin
Grab nie schauen, noch möge im Grab sie je mich bestatten.«
Was sie erbaten, es wurde erfüllt. Sie wurden des Tempels
Hüter, solange sie lebten; erschöpft von den Jahren des Alters,
Hatten sie einst das Schicksal des Orts vor den heiligen Stufen
Wieder besprochen; da sahen zugleich Philemon und Baucis,
Wie sich des anderen Leib mit grünenden Blättern umkleidet.
Als über beider Gesicht schon wuchsen die Wipfel der Bäume,
Sprachen sie noch, solang es vergönnt, zueinander die Worte:
»Gatte, leb wohl!« Zugleich mit dem Ruf verhüllten ihr Antlitz
Zweige und Laub. Dort zeigt der heimische Bauer noch heute
Stamm neben Stamme sich nah, aus den beiden Körpern gewachsen.

ORPHEUS UND EURYDICE

Durch den unendlichen Raum in safranfarbigem Kleide
Flog Hymenäus dahin und eilte zum Strand der Kikonen.
Rief ihn doch Orpheus selbst und bat ihn vergeblich um
Beistand.
War er auch da, so brachte er doch nicht beglückende Worte,
Brachte nicht fröhliche Miene noch günstigen Wind für die
Zukunft.
Auch die Fackel sogar, die er hielt, sie zischte und rauchte,
Tränenerregend, und fand auch im Schwung nicht zu lodernder
Flamme.
Trauriger war der Erfolg als das Zeichen: die Braut, durch die
Felder
Wandelnd, die jungvermählte, von Scharen umringt der
Najaden,
Fand da den Tod, an der Ferse verletzt vom Biß einer Schlange.
Als zum Himmel um sie nun Rhodopes Sänger unendlich
Hatte geweint, da wagt er hinab sich ins Reich aller Toten:
Also stieg er hinunter zum Styx durch Tänarons Pforte,
Trat durch luftige Scharen, Gebilde bestatteter Toter,
Zu Persephone hin und dem Herrn des freudlosen Reiches
Aller Schatten: er schlug zum Lied die klingenden Saiten,
Flehend: »Ihr Götter der Welt, die unter der Erde gelegen,
Der wir alle verfallen, soweit wir sterblich geboren,
Wenn es mir frei und ihr es erlaubt, ohne trügenden Umweg
Wahr zu sprechen vor euch: nicht stieg ich, des Tartarus
Düster
Hier zu beschauen, herab, noch, um den schlangenbehaarten,
Dreifach drohenden Schlund des medusischen Tieres zu
fesseln;
Grund meines Wegs ist die Gattin, der eine getretene Viper
Gift in die Wunde geströmt und ihr blühendes Leben entführte.

Dies zu ertragen: ich wollt' es; ich leugne nicht, daß ich's versuchte.
Amor siegte jedoch, ein Gott, wohl bekannt auf der Erde.
Ist er's auch hier? Ich weiß es noch nicht, obwohl ich es glaube.
Wenn nicht der alte Bericht von früherem Raube gelogen,
Hat ja auch euch die Liebe vereint. Bei dem Orte des Schreckens
Und bei der düsteren Tiefe des Reichs voll ewigen Schweigens
Fleh ich euch an: knüpft neu mir Eurydices voreilig Schicksal!
Alle gehören wir euch, und wir eilen, ob früher, ob später,
Kurz nur verweilend, hinab zu der einen gemeinsamen Heimat.
Alle kommen wir her, dies ist der Wohnungen letzte.
Über das Menschengeschlecht ist eure Herrschaft die letzte,
Wenn sie die Jahre verlebt, die ihrem Leben gebühren,
Fällt auch sie euch anheim. Drum fordern wir kurzes Genießen.
Wehrt das Geschick meiner Gattin die Gunst, so nehmt es für sicher:
Nimmer kehr ich zurück! Dann freut euch am Tod unser beider.«
Während er solches sprach und zum Worte die Saiten erklangen,
Weinten die blutlosen Schatten ringsum. Die entfliehende Welle
Haschte nicht Tantalus mehr, es stockte das Rad des Ixion.
Geier vergaßen die Leber zu hacken. Des Danaus Mädchen
Gönnten sich Ruh' an dem Faß, und Sisyphus saß auf dem Felsen.
Damals zuerst, geht die Kunde, benetzten, vom Liede bezwungen,
Tränen die Wangen der Eumeniden. Der Bitte verwehrt sich
Weder die Königin jetzt noch der Herrscher der unteren Welten.
Und Eurydice wurde gerufen: jüngst zu den Schatten
War sie gekommen und nahte nur zögernd wegen der Wunde.
Sie und die Weisung zugleich empfängt nun Rhodopes Sänger,
Niemals zurückzuwenden den Blick, eh' nicht er durchschritten
Ganz das avernische Tal. Sonst sei das Geschenk widerrufen.
Aufwärts steigen sie nun durch ewiges Schweigen den Fußpfad,
Schroff und umschattet der Weg, umhüllt von dichtestem Dunkel.

Nicht mehr waren sie fern dem obersten Rande der Erde.
Ängstlich, sie könnte versagen, von Lust, sie zu sehen, ergriffen,
Schaut er voll Liebe sich um: und sofort sinkt jene hinunter,
Streckt ihre Arme nach ihm, zu umfangen, umfangen zu werden,
Nichts aber faßt sie im Schmerz als die Lüfte, die wanken und weichen.
Ob sie auch wiederum stirbt, sie klagt nicht über den Gatten.
Was denn sollte sie klagen, als daß sie zu viel nur geliebt sei.
Rief noch ein letztes Lebwohl, das er kaum noch zu hören vermochte,
Dann aber glitt sie dahin, woher sie eben gekommen.
Orpheus aber erstarrte vom zweiten Tode der Gattin,
Wie der furchtsame Mann, der des Hundes dreifachen Hals sieht –
Nur in der Mitte gekettet – nicht abließ zu zittern, bevor nicht
Leben und Seel' er verlor und sein Leib zu Felsen erstarrte;
Oder wie Olenus einst, der die Schuld der Gattin auf sich nahm,
Um nur schuldig zu scheinen, und du, unsel'ge Lethäa,
Stolz auf deine Gestalt: einst wart ihr zwei liebende Herzen,
Nunmehr steht ihr als Stein am Hang des quellreichen Ida.
Wiederum fleht er und will den Fluß überschreiten: vergeblich!
Denn der Fährmann verwehrt's. Doch er saß bis zum siebenten Tage
Ohne Speise am Ufer, verschmähend die Gabe der Ceres.
Sorgen und Schmerz in der Seele und Tränen waren ihm Nahrung.
Grausam schalt er und hart des Erebus Götter und kehrte
Wieder zum nordumbrausten Hämus, zu Rhodopes Höhen.

MIDAS

Bacchus genügte das nicht; so verläßt er auch jene Gefilde
Und will, besser begleitet, des Tmolus sonnige Weinhöhn
Und den Pactolus besuchen, wenn auch seine Wellen nicht golden
Waren zur Zeit noch wegen des köstlichen Sandes beneidet.
Wie sie gewohnt, umschwärmten ihn Bacchen und heitere Satyrn,
Aber Silenus, er fehlte. Schon schwankend vor Wein und vor Alter,
Ward er von phrygischen Bauern gefangen, mit Kränzen gefesselt
Und vor den König Midas geschleppt, den der Thrakier Orpheus
Mit dem Athener Eumolpus zugleich die Weihen gelehrt hat.
Midas erkannte sogleich den Freund und Gefährten der Feier,
Gab – ob der Ankunft des Gastes – ein fröhliches Festmahl,
Das zehn Tage gedauert, daran sich die Nächte noch schlossen.
Als nun am elften Tage die Schar der erhabenen Sterne
Lucifer schloß, kam Midas froh auf die lydischen Fluren
Und gab seinen Silenus zurück dem göttlichen Zögling.
Da beschenkte der Gott, der sich freut' ob der Heimkehr des Alten,
Ihn mit der Gnade des Wunsches, die jener nutzlos vergeudet.
Übel nützt er das Glück, da er sprach: »Laß, was mit dem Leibe
Je ich berühre, laß alles in glänzendes Gold sich verwandeln.«
Liber nickt zu dem Wunsch und gewährt die verderbliche Gabe.
Doch es schmerzte ihn tief, daß jener nichts Besseres wünschte.
Fröhlich enteilte der Cybele Sohn und freut sich des Unheils,
Prüft des Versprechens Kraft, hier dies, dort jenes betastend.
Kaum noch traut er sich selbst; denn ein grünender Ast, den er eben
Brach von der niedrigen Eiche: er hat sich zu Golde verwandelt.

Hob nun vom Boden den Stein: und der Stein erbleichte zu Golde.
Dann berührt er die Scholle; auch sie wird kraft der Berührung
Goldene Masse; nun pflückt er die Ähren vom reifenden Halme:
Golden wurde die Ernte. Vom Baume nahm er den Apfel:
Für Hesperidengeschenke nähmst du sie. Rührt mit dem Finger
Hohe Pfosten er an: von Gold erstrahlen die Pfosten.
Hat er die Hände soeben in sprudelndem Wasser gewaschen,
Konnte das Naß, das vom Finger troff, selbst Danae täuschen.
Kaum erfaßt er im Geiste sein Glück: schon denkt er sich golden
Alles. Und wie die Diener dem Frohen die Tafel bereiten,
Reich mit Speisen besetzt und versehen mit köstlichem Brote,
Ob nun jener dabei mit der Rechten die Gabe der Ceres
Hatte berührt – es erstarrten zu Gold die Geschenke der Ceres.
Ob er mit gierigem Zahn die Speisen wollte zermalmen,
Kaum berührt sie der Zahn, deckt goldene Kruste die Speise.
Mischt er die Gabe des Gotts, der den Zauber gewährte, mit Wasser,
Hättest du flüssiges Gold durch die Kehle ihm fließen gesehen.
Reich und elend zugleich und betäubt von dem seltsamen Unglück,
Will er dem Reichtum entfliehn und haßt, was er eben begehrte.
Nichts mehr stillt seinen Hunger, von Durst brennt trocken die Kehle,
Überall quält ihn das leidige Gold, das er selbst sich gewählt hat.
Nunmehr hebt er zum Himmel die Hände und strahlenden Arme:
»Gnade, mein Vater Lenäus«, so ruft er, »ich habe gesündigt!
Aber erbarme dich meiner, befrei mich vom glänzenden Elend!«
Mild ist das Wesen der Götter: den reuigen Sünder erlöste
Bacchus und nahm ihm die Gabe, die nur die Treue gegeben.
»Um nicht vom Gold, das du übel erbeten, umschlossen zu bleiben,
Geh« – so sprach er – »zum Strom in die Nähe des mächtigen Sardes,

Nimm über Phrygiens Höhn den gleitenden Wogen entgegen
Dann deinen Weg, bis endlich du bist an der Quelle des Flusses.
Und in den schäumenden Born, da, wo er am kräftigsten sprudelt,
Tauche das Haupt und den Körper hinein und wasche die Schuld ab.«
Midas gehorchte und stieg in die Flut: die goldene Kraft schon
Färbte den Fluß und wich von dem menschlichen Leib in die Wellen.
Jetzt noch, wiewohl sie vorzeiten die Goldsaat haben empfangen,
Starren vom Golde die Felder, die feuchten Schollen erbleichen.
Midas haßte den Reichtum und lebte in Feldern und Wäldern
Und verehrte den Pan, der in Höhlen der Berge sich aufhält,
Albern jedoch war der Geist, und es sollte wiederum schaden,
Wie es schon einmal geschehen, dem Herrn die Einfalt des Herzens.
Über die Meere hinweg mit jäh ansteigendem Gipfel
Starrt der Tmolus zur Höh' und im Abhang nach links und rechts hin
Grenzt er an Sardes hier und dort ans kleine Hypäpa.
Als sich hier Pan mit den Liedern brüstet vor lieblichen Nymphen
Und einen heiteren Sang moduliert auf den Rohren der Flöte,
War er so dreist, Apollos Gesang gegen seinen zu schmähen.
Und er erschien vor Tmolus' Gericht zum verwegenen Wettkampf.
Platz nimmt nun, auf dem eigenen Berg, der richtende Alte,
Räumt von den Ohren das Holz, umkränzt sich die bläulichen Haare
Rings mit dem Eichlaub; die hohen Schläfen mit Eicheln umhangen,
Schaut er zum Gotte des Viehs und spricht: »Im Streit zu entscheiden
Bin ich bereit.« Und zuerst bläst Pan auf der ländlichen Flöte,
Bläst ein barbarisches Lied, doch Midas, der eben zugegen,

Hört mit Entzücken das Spiel. Drauf wendet das heilige Haupt schon
Tmolus hin zu Apoll: sein Wald folgt seinem Gesichte.
Phöbus, das goldene Haar mit parnassischem Lorbeer umwunden,
Schleift auf der Erde den Mantel, gefärbt in tyrischem Purpur;
Reich in Edelgestein und in Elfenbein prangt seine Leier,
Die seine Linke hält; in der anderen führt er das Stäbchen.
Schon in der Haltung zeigt sich der Künstler; mit kundigem Daumen
Schlägt er die Saiten zum Lied. Ihr Wohlklang bezauberte Tmolus.
Und so befiehlt er dem Pan, mit der Flöte der Leier zu weichen.
Allen gefällt der Entscheid und der Spruch des heiligen Berggotts.
Midas allein widerspricht und wagt zu behaupten, das Urteil
Sei nicht gerecht! Drum läßt der delische Gott seine Ohren
Nicht mehr die alten, die menschlichen Formen bewahren; er zieht sie
Stark in die Länge und füllt sie herauf mit weißlichen Haaren,
Lockert die Wurzeln sodann und läßt sie frei sich bewegen.
Sonst bleibt Midas ein Mensch. An der einzigen Stelle verurteilt,
Trägt er die Ohren nunmehr des langsam schreitenden Esels.
Jener will es verbergen; drum hüllt er die Schande der Schläfen
Sorglich in deckendes Tuch der purpurgefärbten Tiara.
Aber ein Diener, der ihm mit der Schere die Haare zu schneiden
Pflegte, er sah's; doch was er erblickte, die Schmach zu verraten,
Wagte er nicht und möchte so gerne dem Lichte es künden.
Schweigen konnte er nicht, drum ging er hinaus auf die Felder,
Grub sich ein Loch – und was er für Ohren erblickt an dem König,
Flüstert er leis und erzählt es somit der geöffneten Erde
Und verscharrte hierauf in dem Loch das verratne Geheimnis.
Dann ging er schweigend hinweg von der wieder verschlossenen Grube.

Bald wuchs dort ein Gebüsch mit dichtem, schwankendem Rohre:
Als es allmählich gereift, da das Jahr sich dem Ende zuneigte,
Da verriet es den Bauer: von lindem Winde geschüttelt,
Raunt es die heimliche Kunde und schmäht die Ohren des Herren.

CEYX UND ALCYONE

Ceyx, verwirrt durch des Bruders Verwandlung, verwirrt
auch durch alles,
Was der Verwandlung gefolgt, und ängstlichen Herzens,
beginnt schon,
Um die heiligen Lose, des Menschen Tröstung, zu fragen,
Sich für die Fahrt zum Gotte von Clarus zu rüsten; denn
Phorbas
Sperrte frevelnd mit seiner Schar die Wege nach Delphi.
Dir aber gab er zuerst, getreue Alcyone, Kunde
Von dem gefaßten Entschluß. Und sofort dringt eisige Kälte
Ihr ins innerste Mark! Eine Blässe, ähnlich dem Buchsbaum,
Tritt ihr in das Gesicht. Und Tränen netzten die Wangen.
Dreimal wollte sie sprechen – das Wort ertrank in den
Tränen –,
Sprach dann zärtliche Klagen, nur stockend, mit schluchzendem
Munde:
»Was, mein Liebster, ist schuld, daß dein Herz sich so sehr mir
entfremdet?
Wo ist die Sorge um mich, die du immer aufs neue bewiesen?
Sorglos kannst du bereits Alcyone lassen und fern sein?
Macht dir das Reisen Vergnügen? Bin lieber ich dir von der
Ferne?
Wäre der Weg bloß über das Land, dann würd' ich nur zittern,
Hätte nicht Angst noch dazu! Von Furcht wäre frei meine Sorge.
Jetzt aber schreckt mich das Meer und der Tiefe unseliger
Anblick.
Jüngst erst sah ich die Planken zertrümmert die Küsten
bedecken,
Las nur zu oft auf den Gräbern, die leer, ohne Leichnam, die
Namen.
Möge doch falsches Vertrauen dein liebes Herz nicht verblenden,

Weil des Äolus Eidam du bist, der die tobenden Winde
Fest im Kerker versperrt und – will er – die Meere besänftigt.
Wenn die Stürme, einmal entlassen, die Meere erreichen,
Ist ihnen nichts mehr verwehrt und alles, Erde und Fluten,
Wird dann bedroht; sie jagen sogar die Wolken am Himmel,
Schlagen durch mächtigen Stoß heraus die rötlichen Funken.
Und je mehr ich sie kenne – ich kenne sie, denn bei dem Vater
Sah ich sie oft! – um so mehr weiß ich, wie sehr sie zu fürchten!
Läßt aber dein Entschluß durch keine Bitten sich rühren,
Lieber Gemahl, und bist du bereit und entschlossen zu reisen,
Nimm mich dann mit auf das Schiff! Wir segeln gemeinsamen Weges!
Und ich fürchte bloß das, was ich leide. Wir tragen es beide,
Was uns auch droht, und treiben zugleich auf den Weiten des Meeres.«
Als so flehentlich bat und weinte des Äolus Tochter,
Rührt es des Lucifers Sohn; denn in ihm brennt ähnliches Feuer.
Aber er wollte – zwar selbst zur Fahrt auf dem Meere entschlossen –
Doch es nicht dulden, daß alle Gefahren Alcyone teile.
Vieles erwidert er ihr, das ängstliche Herz ihr zu trösten,
Dennoch billigt sie nicht den Entschluß. Als tröstenden Zuspruch
Fügt er hinzu und beruhigt dadurch die liebende Gattin:
»Jede Trennung ist lang für uns zwei. Doch ich schwöre dir bei dem
Lichte des Vaters, wenn je das Geschick die Heimkehr gestattet,
Kehr' ich zurück, noch ehe sich zweimal rundet der Vollmond.«
Als er durch solches Versprechen die Hoffnung auf Heimkehr ihr nähert,
Ließ er sofort ein Schiff aus dem Dock in die Fluten hinabziehn
Und es mit allem Gerät, mit Takel und Segel versehen.
Als dies aber Alcyone sah, durchfuhr sie ein Schauder
Und, als ob sie die Zukunft ahnte, vergoß sie die Tränen,
Hielt ihn umfangen, die Ärmste, und sprach mit traurigem Munde:

»Leb denn wohl!« Dann brach sie in Schmerz ohnmächtig zusammen.
Ceyx wollte noch weilen, doch zogen bereits die Matrosen,
Sitzend in doppelten Reihn, an die tapfere Brust ihre Ruder,
Und durchschneiden die Fluten mit gleichem Schlag. Und als jene
Hob ihre feuchten Augen, da sah sie, allein schon, ihn stehend
Hoch auf dem Deck, mit erhobener Hand ihr winkend, sie grüßend,
Sah's und winkte zurück. Als das Land jetzt weiter zurückweicht
Und ihre Augen nicht mehr das Gesicht zu erkennen vermögen,
Folgt sie, solange sie kann, mit dem Blick dem entfliehenden Schiffe.
Als auch dieses nicht mehr – im Raume entweichend – zu sehn ist,
Späht sie dem Segel noch nach, das flattert am obersten Maste.
Als ihr auch dieses entschwand, da sucht sie das einsame Lager
Angstvoll und sinkt auf das Bett. Es erwecken der Ort und das Lager
Wieder Alcyones Tränen und mahnen der Hälfte, die fern ist.
Da sie den Hafen verließen, da regt sich im Winde das Tauwerk.
Gegen den Bord hin kehrt der Schiffer die hängenden Ruder,
Hißt hoch oben am Baume die Rah', läßt sämtliche Segel
Nieder am Mast, um die kommende Bö' auch völlig zu fangen.
Weniger oder gewiß nicht mehr als die Hälfte des Meeres
Hatte das Schiff durchfahren – in weiter Ferne die Küsten –
Als am Abend die See vom Schaume der schwellenden Wogen
Weiß zu werden begann und stärker schon wehte der Ostwind.
»Rasch nur laßt mir die Rahe herab!« rief drängend der Schiffer,
»Rollt um die Stangen herum die ganze Fläche der Segel!«
So der Befehl; doch das Stürmen des Winds verhindert die Worte,
Und das tosende Meer läßt die Stimme nutzlos verhallen.
Aber von selbst beeilen sich Leute, die Ruder zu bergen,

Andere schließen die Luken und bergen die Segel vorm Sturme.
Der schöpft Wasser und gießt das Meer zurück in die Meerflut,
Jener erhascht noch die Rah': doch ohne Befehl tun sie alles.
Immerzu wächst der Sturm; es führen die rasenden Böen
Allseits Krieg miteinander und wühlen die zürnende Flut auf.
Selbst der Lenker des Schiffes erbebt und gesteht, nicht zu wissen,
Wie nun die Lage, und was er befehl und was er verbiete.
So schwer lastet die Not und spottet der menschlichen Weisheit.
Ringsum hört man der Männer Geschrei und das Krachen der Taue,
Rauschen der stürzenden Wellen, des Donners drohendes Grollen.
Hoch auf bäumt sich die See und scheint an den Himmel zu reichen
Und mit dem spritzenden Gischt das tiefe Gewölk zu benetzen.
Wenn sie den gelblichen Sand aus tiefstem Grunde heraufwühlt,
Zeigt sie sich gelb; aber bald ist sie schwärzer als stygische Wogen,
Glättet zuweilen sich auch und erglänzt in zischendem Schaume.
Mitten durch diesen Sturm treibt hin das trachinische Schiff und
Bald in die Höhe gehoben, wie hoch vom Gipfel des Berges
Scheint es hinab in das Tal, zu Acherons Tiefe zu blicken,
Bald, wenn die Fluten es rings in der Senke umdrängen,
Scheint es zum Himmel empor aus dem untersten Schlunde zu schauen.
Immer und immer erdröhnt, von den Wogen getroffen, die Bordwand
Und widerhallt von dem Stoß, wie unter dem eisernen Sturmbock
Oder der Schleudermaschine zertrümmerte Burgen erdröhnen.
Und wie Löwen die Kraft aus stürmendem Anlauf sich nehmen
Und mit der Brust in die Speere, die starrenden, jählings sich stürzen,
So auch rannte die Flut, von den Sturmesgewalten getrieben,
Gegen die Planken des Schiffs, sich hoch über alles erhebend.

Und schon wanken die Pflöcke des Bords; des schützenden Wachses
Bloß, klafft weit auf die Fuge, empfängt da die tödlichen Wellen.
Siehe, es öffnen die Wolken dem strömenden Regen die Schleusen!
Fast scheint über das ganze Meer sich der Himmel zu senken
Oder das schäumende Meer zu Himmelshöhen zu steigen.
Naß schon triefen die Segel, und mit den himmlischen Wassern
Mischen sich Fluten des Meers. Des Lichtes beraubt ist der Äther,
Über dem Dunkel der Nacht liegt drückend das Dunkel des Sturmes.
Aber die Blitze zerspalten die Nacht und funkelnde Lichter
Strahlen sie aus. Im zuckenden Glanz entbrennen die Sterne.
Fluten zwängen sich durch die Spalten des lecken Gebälkes;
Wie der Krieger, der kühner als alle die Scharen ringsum ist –
Der schon öfter erstiegen den Wall der belagerten Festung –,
Endlich erreicht, was er hofft, und von Ruhmesbegierde getrieben
Glücklich die Mauer erstürmt, von tausenden Männern der eine –
So schlägt manchmal die Flut an des Schiffs hochragenden Bord an,
Toller noch springt sie heran, da zum zehnten Male sie angreift,
Und läßt eher nicht ab, das ermattete Schiff zu bekämpfen,
Bis sie den Bord ersteigt, als hätt' sie die Mauern genommen.
Immer noch müht sich die Flut, in die fichtene Barke zu dringen,
Andere sind schon darin. Nicht weniger zittern die Schiffer
Als die belagerte Stadt, wenn die einen die Mauern noch stürmen,
Andere schon von innen die Mauern eiligst besetzen.
Schwach ist die Kunst und schwach ist der Mut, und sooft wie die Wellen
Nahen, sooft scheint Tod und Verderb sie plötzlich zu treffen.
Tränen vergießt hier der eine, der andre verstummt, aber jener

Hebt vergeblich den Arm gegen Himmel, der nirgends zu sehen,
Flehend um Hilfe; es erscheinen im Geist ihm Vater und Bruder,
Jenem die Kinder, das Haus und alles, was er daheimließ.
Ceyx denkt an Alcyone nur, ja immer im Munde
Führt er Alcyone nur. Wie sehr er sich sehnt nach der einen,
Freut er sich doch, daß sie fern, und möchte zur Küste der Heimat
Schauen, den letzten Blick zurück zum Hause hin senden,
Wenn er nur wüßt', wo es ist. Doch es brodeln im rasenden Wirbel
Wogen und Meer. Umschattet von pechschwarz hängenden Wolken
Birgt sich der Himmel gesamt, und die Nacht ist doppelt verfinstert.
Durch eines Schauers Wirbel zerbirst der ragende Mastbaum,
Bricht das Steuer entzwei. Im Stolz ihrer Beute erhebt sich
Wie eine Siegerin über die andern die bauchige Woge.
Leichter nicht stürzt sie herab, als wenn den Athos und Pindus
Einer losriß' zur Gänze, hinab in das Meer sie zu schleudern,
Ähnlich stürzt sie herab. Erdrückt vom Sturz und dem Anprall,
Sinkt in die Tiefe das Schiff und mit ihm die meisten der Männer,
Die der Strudel erfaßt und nie mehr dem Lichte zurückgibt:
Also erfüllt sich ihr Schicksal. An Teilen und Trümmern des Wrackes
Klammern sich einige fest. Auch Ceyx hält in den Händen,
Die einst das Zepter geführt, einen Rest und ruft seinen Vater,
Ruft den Schwäher umsonst. Alcyone aber, die Gattin,
Ist in des Schwimmenden Munde zumeist. An sie denkt er, sie nennt er,
Wünscht, daß die Fluten trügen vor ihre Augen den Leichnam,
Sehnt sich danach, daß im Tod ihn freundliche Hände bestatten.
Schwimmend ruft er die Ferne, sooft es die Flut ihm gestattet,
Ruft Alcyone laut und murmelt es noch in die Wellen.
Mitten im Meer erhebt sich ein dunkler Berg hoher Wogen,

Bricht sich und stürzt über ihn und versenkt das Haupt in den Fluten.
Lucifer leuchtete nicht – man hätte ihn niemals erblicken
Können an jenem Tag; und da ihm verboten, den Himmel
Je zu verlassen, umhüllt er das Haupt sich mit dichtem Gewölke.
Äolus' Tochter indessen, des Unheils Größe nicht ahnend,
Zählt die Nächte daheim und fertigt schleunigst die Kleider,
Die für den Gatten bestimmt und die sie, wenn jener gekommen,
Selber zu tragen gedenkt, und malt sich vergeblich die Heimkehr.
Allen Himmlischen opfert sie fromm die Gabe des Weihrauchs,
Junos Tempel jedoch verehrt sie vor allem am meisten.
Ging auch für den Gemahl, der schon tot war, zu den Altären;
Flehte, daß heil ihr der Gatte und wohlbehalten einst komme
Und seinem eigenen Weibe kein anderes vorziehen möge.
Dies war der einzige Wunsch, der von vielen allein ihr erfüllt ward.
Juno, die das Gebet für den Toten nicht hören mehr konnte,
Sprach, die entweihende Hand der Frau vom Altar zu entfernen:
»Iris«, sagte sie, »du meines Befehls getreueste Botin,
Eile hinab zum Hof des sanft einschläfernden Gottes:
Heiß ihn ein Traumbild senden vom untergegangenen Ceyx,
Welches Alcyone künde des Schicksals wahres Ereignis.«
So ihr Gebot. Gehüllt in das Kleid mit den Tausenden Farben,
Eilte schon Iris, den Weg am Himmel im Bogen bezeichnend,
Hin zum Palaste des Königs, der tief in der Wolke geborgen.
Nahe den Kimmerern liegt im Grunde der Schlucht eine Höhle,
Mitten im Berg der Palast und der Sitz des schläfrigen Gottes;
Dorthin gelangt nicht am Morgen, nicht mittags oder am Abend
Je einer Sonne Strahl. Nur Nebel, mit Dunkel umwoben,
Haucht der Boden dort aus: es herrscht nur Zwielicht und Dämmern.

Dort verkündet kein Hahn – mit dem stolzen Kamm auf dem Haupte –,
Früh schon erwacht, den Morgen, nie stören die Ruhe des Ortes
Wachsame Hunde noch Gänse – mit schärferem Sinn als die Hunde –;
Weder ein Vieh noch ein Wild, nicht Zweige im Wehen der Lüfte
Sind dort zu hören einmal, noch zankende Stimmen der Menschen.
Schweigende Ruh' herrscht hier; doch quillt aus verborgenen Felsen
Dort das Wasser des Lethe, darin mit Murmeln die Welle
Gleitet dahin und wiegt in den Schlaf mit dem Klirren der Kiesel.
Blühender Mohn wächst üppig am Eingangstore der Höhle
Und unzähliges Kraut, das der Nacht den schläfernden Milchtrank
Gibt, ihn zu streuen in feuchtem Dunkel auf schattige Länder.
Dort auch knarrt keine Tür, wenn die Angeln sich knirschend bewegen:
Gibt es doch keine im Haus, kein Wächter hütet die Schwelle.
Und in der Mitte des Raums aus Ebenholz ein Gestelle,
Polsterbedeckt und schwarz, verdeckt mit bräunlichem Vorhang;
Hier ruht selber der Gott, die Glieder gelöst in Ermattung.
Um ihn liegen im Kreis – sie haben verschiedne Gestalten –
Nichtige Träume so viel, als sich Ähren wiegen im Saatfeld,
Blätter im Wald, als der Sand, den das Meer ans Gestade geworfen.

Dort trat Iris nun ein und schob die Träume zur Seite,
Platz mit den Händen sich schaffend; im Strahl ihres Kleides erglänzt nun
Hell das heilige Haus, und der Gott, nur mühsam sich regend,
Hob allmählich das Auge, doch sank er wieder zurück und
Schlug mit dem nickenden Kinn an den oberen Teil seiner Brust sich.

Endlich rafft er sich auf und, gestützt mit dem Arm auf das Lager,
Fragt er, warum sie denn komme – erkennt sie – und jene verkündet:
»Schlafgott, du Ruhe der Welt, du sanftester unter den Göttern,
Friede der Seele, von Sorgen befreit, du erquickst alle Körper,
Wenn sie von Mühen erschöpft, und stärkst sie wieder zur Arbeit,
Träume, die wahren Gestalten so täuschend gleichen, entsende
Rasch in des Hercules Stadt Trachin im Bilde des Königs
Zu Alcyone hin, getreu ihr zu zeigen den Schiffbruch.
Dies ist der Juno Befehl!« Als Iris den Auftrag erfüllt hat,
Eilt sie hinweg – denn sie kann nicht länger ertragen des Schlafes
Mächtige Kraft – und entflieht, da sie fühlt in den Gliedern den Schlummer,
Kehrt auf dem Bogen zurück, auf dem sie soeben gekommen.
Nunmehr beruft der Gott aus der Schar unzähliger Söhne
Morpheus herbei, den Künstler; er bildet alle Gestalten
Täuschend nach. Und keiner versteht es wie dieser, zu schaffen
Schreitenden Gang und Miene, der Stimme ähnliche Farbe.
Kleider fügt er hinzu und das Lieblingswort eines jeden.
Doch den Menschen allein pflegt dieser zu gleichen. Ein andrer
Zeigt sich als Wild, als Vogel, als Schlange mit länglichem Leibe.
Icelus nennen die Göttlichen ihn, die Menschen Phobetor.
Phantasus ist ein dritter, er übt ganz andere Künste.
Dieser verwandelt sich täuschend in Holz, in den Stein und den Boden,
Wird auch zur Welle, zu allem, dem Leben der Seele ermangelt.
Diese zeigen nur Königen ihre Gestalt und den Feldherrn
Tief in der Nacht; zum Volk, dem niedern, streifen die andern.
Aber der Gott geht an diesen vorbei, der greise, und wählt sich
Morpheus von all seinen Brüdern, der Iris Befehl zu vollführen.
Dann aber sinkt er zurück, zu süßer Ermattung sich lösend,
Senkt aufs neue sein Haupt und vergräbt es im schwellenden Lager.

Morpheus gleitet indes auf geräuschlos schwingenden Flügeln
Hin durch das Dunkel und kommt – denn kurz nur dauert das
Fliegen –
In die hämonische Stadt, legt ab vom Leibe die Schwingen,
Schlüpft dann in Ceyx' Gestalt und gleicht seinem Körper in
allem.
Bleich aber – wie nur ein Toter erscheint – und ohne
Bekleidung,
Tritt er ans Lager der unglückseligen Gattin. Der Bart des
Mannes ist feucht, und vom nassen Haar fließt triefend das
Wasser.
Über das Lager gebeugt, das Gesicht wie in Tränen gebadet,
Spricht er: »Erkennst du mich wohl, unselige Gattin, den Ceyx,
Hat mein Gesicht sich verändert? Schau her, du wirst mich
erkennen,
Wirst statt deines Gemahls nun finden den Schatten des Gatten.
Nutzlos sind mir gewesen, Alcyone, deine Gebete.
Längst bin ich tot. Erwarte mich nicht in trügender Hoffnung.
Auf der Ägäischen See erfaßte der wolkige Südwind
Plötzlich das Schiff und zerbrach's, das er furchtbar im Sturme
geschleudert.
Wellen erstickten den Mund, der deinen Namen vergeblich
Immer gerufen. Das meldet dir nicht ein schlechter
Gewährsmann,
Nicht sind's leere Gerüchte, von denen du Kunde erhalten.
Ich, der Ertrunkene selbst, erzähle dir hier mein Verhängnis.
Auf denn, wehre den Tränen nicht mehr, nimm Trauergewänder,
Laß nicht unbeweint zu des Tartarus Schatten mich steigen!«
Morpheus fügt zu den Worten den Klang, den Alcyone kannte,
Von der Stimme des Gatten; er schien auch wirklich zu weinen,
Glich in der Geste der Hand, in allem vollends dem Ceyx.
Aber Alcyone seufzt und erhebt unter Tränen die Arme
Mitten im Schlaf, will fassen den Mann und umfängt nur die
Lüfte.
»Bleibe doch!« ruft sie. »Wohin denn entweichst du? Wir gehen
zusammen!«

Durch ihr eigenes Wort erschreckt und des Gatten Erscheinung,
Fährt aus dem Schlafe sie hoch und schaut, ob er wirklich noch da ist,
Den sie soeben gesehen. Geweckt von der Stimme der Herrin,
Kommen die Diener mit Licht. Doch da sie ihn nirgends gefunden,
Schlägt sie sich wild das Gesicht und reißt von der Brust das Gewand sich,
Schlägt sich dann selber die Brust und – ohne die Haare zu lösen –
Reißt sie sie auf; als die Amme sie fragt nach dem Grunde der Trauer,
Sagt sie: »Alcyone lebt nicht! Sie ist zugleich mit dem Gatten
Ceyx gestorben! Laßt ab, mich mit Worten weiter zu trösten!
Ceyx verschied mit dem Schiff. Ich sah, ich erkannt' ihn und streckte,
Da er sich wandte, die Arme nach ihm und wollte ihn halten.
Wenn auch nur Schatten, so war er doch klar und als Schatten erkennbar
Meines Gemahls. Er hatte, wenn du mich fragst, nicht die alten,
Mir so gewohnten Züge, die frühere, strahlende Schönheit.
Bleich und nackt und dazu mit triefenden Locken erblickt' ich
Unglückselige ihn. Hier stand der Ärmste, gerade
Hier auf der Stell'« – und sie suchte, ob irgendwo Spuren geblieben.
»Das ja, das war's, was im Herz ich ahnend immer gefürchtet,
Darum bat ich, vor mir nicht zu fliehen noch Winden zu folgen.
Hättest du wenigstens doch – da du gingest, dem Tode verfallen –
Mich zur Gefährtin gemacht! Wie wär' es mir nützlich gewesen,
Dich zu begleiten! Dann hätte ich keinen der Tage der Trennung
Traurig verbracht, es hätte der Tod uns beide vereinigt.
Fern nun sterbe ich hier und ferne treib ich im Meere,
Ohne mein anderes Ich verschlingt mich die See; denn es wäre
Grausamer noch als die See mein Herz, wollt' länger ich leben,
Wollte ich jemals versuchen, des Schmerzes Gewalt zu bezwingen.

Niemals werde ich kämpfen und dich, du Ärmster, verlassen,
Will dir wenigstens jetzt Begleiterin sein, und im Grabe
Soll uns vereinen die Schrift, da gemeinsame Urnen verwehrt sind,
Bin ich fern mit dem Leib, so sollen die Namen sich treffen!«
Mehr verbietet der Schmerz, und die Worte begleitet ein Jammern,
Seufzer aus innerster Brust entringen sich schwer der Erstarrten.
Frühe am Morgen verließ sie das Haus und sucht' an der Küste
Traurig wieder den Ort, von dem sie dem Scheidenden nachsah.
Während verweilend sie sprach: »Hier ließ er lösen die Taue,
Hier an diesem Gestade gab scheidend er mir seine Küsse«,
Während sie dort des Erlebten gedenkt und hinaus in die See blickt,
Sah sie draußen im Meere in ungewisser Entfernung
Etwas, was wie ein Körper sich ausnahm. Zweifelhaft schien es
Anfangs, was es wohl sei. Als die Welle es näher herantrieb,
Ließ es von weitem bereits sich als menschlicher Körper erkennen.
Wissend nicht, wer es doch sei, doch aus Ahnung, weil er ertrunken,
Rief sie, als weinte sie nur um den Fremden: »O wehe, du Armer,
Wer du auch seist und wofern du ein Weib hast!« Schwimmend im Wasser
Nähert sich mählich der Leib. Je mehr ihn jene betrachtet,
Desto verdunkelter wird ihr Gemüt. Schon näher und näher
Kommt er dem Land. Schon sieht sie ihn deutlich, kann ihn erkennen:
Ihren Gemahl! »Er ist es!« so schreit sie im Jammer und reißt an
Haar und Gewand, zerkratzt ihr Gesicht und streckt ihre Arme
Zitternd dem Ceyx entgegen: »So kehrst du, teuerster Gatte,
Ärmster, so kommst du zu mir nun zurück!« Am Ufer ein Steindamm,

Künstlich von Menschen gebaut, zerbricht die stürmenden
Wogen,
Wenn sie sich nähern, und lindert die Wucht ihrer Brandung.
Dorthin springt sie hinauf. Ein Wunder, daß sie es konnte.
Fliegend zerteilt sie die Luft mit den eben gewachsenen Flügeln,
Streicht an den Wellen dahin, ein erbarmungswürdiger Vogel.
Während sie fliegt, da klappert der Mund mit dem schmächtigen
Schnabel,
Und es erklingt ein Ton, voll Trauer und ähnlich der Klage.
Als sie aber berührte den stummen und blutlosen Leichnam
Und in dem neuen Gefieder die lieben Glieder umarmte,
Gab sie ihm eisige Kälte umsonst mit verhärtetem Schnabel.
Ob dies Ceyx gefühlt, ob unter der Welle Bewegung
Scheinbar sich hob sein Gesicht, die Menge wußte es nicht! Doch
Jener hat es gefühlt! Erbarmen empfanden die Götter:
Beide wurden zu Vögeln und – folgend dem gleichen Geschicke –
Blieb ihre Liebe erhalten. Der Bund ihrer Ehe, er löste
Auch bei den Vögeln sich nicht. Sie paaren sich, werden auch
Eltern,
Und in den Zeiten des Winters, da brütet Alcyone sieben
Freundliche Tage, während das Nest auf dem Meere sich
schaukelt.
Ruhig dann liegt alle See: denn Äolus hütet die Winde,
Hält sie zurück von dem Fluge und bietet Stille den Enkeln. –

APOTHEOSE DES ÄNEAS

Alle Götter gewann des Äneas strahlende Tugend,
Juno sogar war bewogen, den alten Groll zu beenden.
Julus wuchs schon heran, seine Macht war völlig gesichert:
Also erschien für den Himmel schon reif der Sproß von Cythera.
Venus hatte die Götter gebeten, am Halse des Vaters
Hing sie und sprach: »O Vater, der niemals mir gram war, ich bitte,
Sei mir auch heute wie immer der Mildeste aller und schenke
Meinem Äneas, der dich aus meinem göttlichen Blut zum
Großvater machte, gib ihm, o Bester, das Wirken des Gottes,
Wenigstens eines geringen. Genug ist's, die düsteren Reiche
Einmal zu sehn und einmal die stygische Flut zu durchqueren.«
Beifall gaben die Götter; ja selbst des Königs Gemahlin
Ließ sich bewegen und nickte mit gnädigem Antlitz.
»Würdig seid ihr der himmlischen Gnade«, erwidert der Vater,
»Du, die du bittest, und dem sie erbeten: so nimm sie, o Tochter!«
Jupiter sprach, voll Freude dankt sie dem gütigen Vater.
Rasch mit dem Taubengespann durch dic wehenden Lüfte sich hebend,
Eilt sie zur Küste Laurentums, wo tief im Schilfe verborgen
In das benachbarte Meer Numicius schleicht mit den Wellen.
Ihm befiehlt sie, was sterblich, dem Tode geweiht an Äneas,
Abzuspülen und schweigenden Laufs zum Meere zu tragen.
Venus befahl's, und der Fluß vollzieht's und spült mit den Wellen
Reinigend alles hinweg, was am Leib des Äneas noch sterblich,
Was aber edel und gut, blieb übrig vom Helden Äneas.
Als er geläutert, da salbt ihn mit göttlicher Salbe die Mutter,
Mischt Ambrosia dann zum lieblichen Nektar und streicht ihm
Über den Mund und macht ihn zum Gott, den das Volk des Quirinus
Indiges nennt und ihm Tempel erbaut und heil'ge Altäre.

EPILOG

Nun ist vollendet ein Werk, das weder des Jupiters Zorn noch
Feuer und Schwert zerstört, noch der Zahn gefräßiger Zeiten.
Komme, Tag, wann du willst, der ein Recht nur auf meinen Körper
Hat, und endige auch meines Lebens unsichre Dauer.
Doch mein besserer Teil fliegt über die hohen Gestirne
Ewig, und niemals wird in den Zeiten mein Name vergehen.
Wo auch die römische Macht sich erstreckt über friedliche Länder,
Bin ich im Munde des Volks und in allen Jahrhunderten werd ich –
Kündet des Dichters Ahnen die Wahrheit – hochgerühmt leben.

NACHWORT

P. Ovidius Naso kam als zweiter Sohn eines wohlhabenden Ritters am 20. III. 43 v. Chr. in Sulmo, einer Landstadt, etwa 120 km östlich von Rom, auf die Welt. Der Vater schickte seine Söhne zur Ausbildung nach Rom, wo Publius bei Arellius Fuscus und Porcius Latro Rhetorik studierte und es darin aus Anlage und Neigung bald zu schönen Leistungen brachte. Die politische Laufbahn, zu der ihn sein Vater bestimmt hatte, begann er mit untergeordneten Stellungen in der Verwaltung und Justiz. Aber bald verließ er den Staatsdienst. Sein Vater verheiratete ihn sehr jung, aber die Ehe mißglückte, und auch eine zweite – aus der eine Tochter stammte, die Ovid sehr geliebt hat – wurde geschieden; erst die dritte Ehe mit einer jungen Witwe, die er in der großen Gesellschaft kennengelernt hatte, gestaltete sich glücklich. Er lebte ein sorgenfreies, ja üppiges, der Geselligkeit gewidmetes Leben und hatte viele Freunde, unter ihnen war auch der Dichter Properz. Schon in jungen Jahren begann er mit der Veröffentlichung dichterischer Werke, die in den Kreisen der Gesellschaft gern gelesen wurden. Um so niederschmetternder mußte den Einundfünfzigjährigen das Relegationsedikt des Kaisers treffen. Als Aufenthaltsort war ihm Tomis (heute Konstanza) am Schwarzen Meer zugewiesen, ein Ort fern aller großstädtischen Kultur, von einem im Vergleich zu Rom kalten Klima, bewohnt von griechischen Kaufleuten und halbwilden Geten. Trotzdem war dies eine milde Form der Verbannung, da sie dem Dichter den Besitz des Bürgerrechtes und damit seines Vermögens beließ.

Es wird wohl niemals genau zu ermitteln sein, warum Augustus im Zuge seiner Säuberungsaktionen im Jahre 8 n. Chr. Ovid aus Rom verbannte. Der Dichter spricht von zwei Ursachen: einem ›Buch‹ und einem ›Irrtum‹. Bei dem ›Buch‹ denkt man allgemein an seine *Liebeskunst*. Aber diese war bereits acht Jahre vorher erschienen und nicht beanstandet worden. Gleichzeitig mit Ovid wurde auch die Enkelin des Kaisers, Julia, wegen Ehebruchs verbannt. Sollte hier ein Zusammenhang bestehen? Diese Fragen sind nicht zu beantworten.

Vergeblich bemühte sich Ovid von Tomis aus, Augustus umzustimmen. Bis zum Tode des Herrschers (14 n. Chr.) konnte er nicht einmal die Zuweisung eines anderen Verbannungsortes erreichen. Auch seiner Gattin, die in Rom verblieben war, gelang es weder bei Augustus noch bei seinem Nachfolger Tiberius, eine Änderung seiner Lage herbeizuführen. Wieder ist es unmöglich, die Gründe festzustellen: ob sich etwa Ovid durch seine Beziehungen zu Germanicus, der bei Hof nicht in Gunst stand, die Sympathien verscherzt hat, oder ob Tiberius nach seiner auch sonst zu beobachtenden Gepflogenheit eine Verordnung des ›divus Augustus‹ nicht aufheben wollte. Ovid mußte bis zu seinem Tode (wahrscheinlich im Jahr 18 n. Chr.) in Tomis bleiben. Als überzivilisierter Mensch litt er darunter schwer und fand auch in seinem dichterischen Schaffen nicht mehr zum früheren Ton zurück. So starb er in der Fremde, unversöhnt mit Rom.

Ovid gehört zu den fruchtbarsten römischen Dichtern. Von der Fülle seiner Werke gibt folgende Übersicht ein Bild:

I. Erotische Poesie:
   1. Amores: Liebeselegien in 3 Büchern; zumeist Lieder auf seine Geliebte Corinna.
   2. Heroides: Fingierte Liebesbriefe mythologischer Frauen.
   3. Medicamina faciei: Ein Gedicht über die Schönheitsmittel.
   4. Ars amatoria oder amandi: 3 Bücher über die Kunst der Liebe, das genialste Werk Ovids voll sprühenden Geistes.
   5. Remedia amoris: Heilmittel der Liebe, eine Art Widerruf der Liebeskunst, die neben reicher Anerkennung doch auch Tadel gefunden hatte.

II. Sagenpoesie:
   1. Die Metamorphosen: In 15 Büchern und rund 12000 Versen werden hier 250 griechische Verwandlungssagen geschildert; zur Ordnung des gewaltigen Stoffes reiht

Ovid die Sagen ungefähr nach der Zeit und beginnt mit der Entstehung der Welt und führt das Gedicht ›ununterbrochen‹ als ein Epos in Hexametern bis zur Vergöttlichung des Augustus. Dieses Werk ist der Höhepunkt des dichterischen Schaffens. Nur weil es schon vor der Verbannung in einigen Exemplaren verbreitet war, blieb es erhalten; denn der Dichter verbrannte das Werk, als er verbannt wurde.

2. Fasti: In 6 Büchern werden die Feste der ersten 6 Monate dichterisch erklärt; das Werk blieb durch die Verbannung unvollendet. Das erste Buch wurde in Tomis umgearbeitet und dem Germanicus gewidmet.

III. Werke aus der Verbannung, welche ohne die für Ovid bisher bezeichnende heitere Grundstimmung sind:

1. Tristia: 5 Bücher Klagelieder aus den Jahren 9–12, darunter IV, 10 seine Selbstbiographie, die erste der Weltliteratur.
2. Epistulae ex Ponto: 4 Bücher Briefe an direkte Empfänger in Rom.
3. Ibis: Ein Verwünschungsgedicht gegen einen Unbekannten in Rom.
4. Halieutica: Lehren über das Fischen.

Verlorengegangen ist eine Anzahl von Werken, darunter das rhetorische Drama *Medea*, das Aufsehen erregte, ein Triumphgedicht auf Tiberius, ein Gedicht auf den Tod des Augustus und andere.

Ovid war noch ein Knabe, als Vergil, Horaz, Properz und Tibull bereits in ihrem höchsten Dichterruhm strahlten. Er ist der Letzte, aber keineswegs Unbedeutendste in dieser Reihe. Zu den ›Augusteern‹ kann er aber nur zeitlich, nicht im eigentlichen Sinne gezählt werden, denn er ließ sich keinerlei offizielle Bevormundung gefallen und stand den politischen, religiösen und literarischen Bestrebungen des Augustus und seiner Umgebung in Wesen und Dichtung fremd gegenüber. Von der Verherrlichung der staatlich-religiösen Tugenden der ›pietas‹ und ›virtus‹ und der altrömischen Vergangenheit ist bei ihm kaum etwas zu finden. Die Gegenwart ist ihm alles, eine Gegenwart des frohen Lebensgenusses, der freien, mitunter auch frivolen Gesellschaft mit ihrer Atmosphäre von Wissen und Bildung, Anmut und Witz. Für die Menschen dieser Gesellschaft dichtete Ovid und von ihnen wurde er verstanden und begeistert gelesen. Freilich weiß Ovid auch bei der Behandlung heikler Themen stets die Grenzen des Anstands und Geschmacks zu wahren, und auch seine moralischen Tadler haben ihm seine Vorzüge: Liebenswürdigkeit und Offenheit, Grazie und sprühende Phantasie, zubilligen müssen. Der Liebesdichter und Sagenerzähler Ovid ist nicht nur der amüsanteste, sondern auch der begabteste Dichter seiner Zeit, dem »alles zum Vers wurde«.

Das Mittelalter ehrte ihn hoch als poetischen Vermittler der antiken Mythologie und Sage und als Quelle geistreicher Sentenzen. Schon Gottfried von Straßburg, dann Christian Hofmann von Hofmannswaldau, Goethe, Grillparzer, Geibel sind bei ihm in die Schule gegangen. Mit seinem Wort ›plurimus legor‹ hat Ovid recht behalten, denn er gehört zu den in der Welt durch die Jahrhunderte meistgelesenen Dichtern.

Die vorliegende Auswahl der bekanntesten und schönsten *Metamorphosen* stellt eine Kompilation verschiedener Übertragungen dar; für die den ersten drei Büchern entnommenen Stücke fand eine eigene Übersetzung des Herausgebers Verwendung, für die weiteren wurden die Übersetzungen von J. H. Voß, W. v. Tippelskirch, H. Ch. Pfitz, R. Suchier zugrunde gelegt, jedoch vielfach neu bearbeitet, gelegentlich wurden auch Wortprägungen neuerer Übersetzer verwendet. Dabei war es das Bestreben, den Stil des Originals in einheitlichem Fluß möglichst zum Ausdruck zu bringen.

Die Eigennamen wurden, soweit sie nicht schon in Deklination und Verwendung eingedeutscht sind, in der lateinischen Form wiedergegeben. Eine Erklärung der wichtigsten mythologischen Namen und Begriffe findet sich im Anhang.

W. P.

ERLÄUTERUNG DER WICHTIGSTEN EIGENNAMEN

Acheloische Nymphen, die Sirenen, als Töchter des Achelous, des größten griechischen Flusses.

Acheron, ein Strom der Unterwelt.

Ägäon, ein hundertarmiger Riese, Gott des tobenden Meeres.

Agenor, Vater des Cadmus und der Europa, die Jupiter geraubt hatte.

Alcyone, Tochter des Äolus, Gattin des Ceyx, in einen Eisvogel verwandelt.

Alpheus, Flußgott und Fluß in Arkadien (Peloponnes).

Ambrosia, Götterspeise.

Amor, Gott der Liebe.

Amphion, Gemahl der Niobe, Meister des Saitenspieles.

Amphitrite, Gattin des Meergottes Poseidon.

Amymone, eine Quelle in Argolis in Griechenland.

Anapus, kleiner Fluß in Sizilien, in den die Cyane einmündet.

Äneas, Sohn des Anchises und der Venus, Vater des Julus, Ahnherr der Römer.

Äolus, Gott der Winde.

Aonier hießen die Ureinwohner Böotiens, aonisch = böotisch.

Apollo, Sohn des Jupiter und der Latona, auf Delus geboren, Gott der Weissagung, Dichtung und Musik, hat in Delphi das bekannteste Orakel; auch dem Gott des Lichtes (Phöbus) gleichgestellt; berühmt als Bogenschütze.

Arachne, wurde von Minerva in eine Spinne verwandelt, weil sie die Göttin im Wettweben besiegt hatte.

Arethusa, eine Quellnymphe in Elis (Peloponnes), woher sie auf der Flucht vor Alpheios unter der Erde nach Sizilien flüchtet und dort auf der Insel Ortygia bei Syrakus wieder zur Oberfläche kommt.

Argos, Hauptstadt der Argolis, einer Landschaft im Peloponnes.

Ascalaphus, Sohn des Acheron und der Nymphe Orphne, in einen Uhu verwandelt.

Asträa, Göttin der Gerechtigkeit.

Athene, s. Minerva.

Äthioper, Volk in Afrika.

Äthon, ein Roß des Sonnengottes.

Athos, Berg auf Chalcidice.

Atlas, Träger des Himmelsgewölbes, Vater der Maia, der Mutter des Merkur.

Aurora, Göttin des Morgenrotes.

Auster, der Südwind.

Avernisch, unterweltlich, benannt nach dem Avernersee bei Cumä in Italien, wo ein Eingang in die Unterwelt angenommen wurde.

Babylon, Stadt am Euphrat in Mesopotamien.

Bacchantinnen, Frauen im Gefolge des Bacchus.

Bacchis, ein Herrscher aus Korinth, dessen Nachkommen Syrakus gründeten.

Bacchus, Gott des Weines, auch Liber oder Lyäus genannt.

Baucis, Gattin des Philemon.

Bootes, Wagenhüter, Sternbild beim Großen Wagen.

Böotien, Landschaft in Mittelgriechenland.

Boreas, der Nordwind.

Cadmus, Sohn des Agenor, Bruder der Europa, die er überall sucht, nachdem sie von Jupiter geraubt worden war.

Caicus, ein Fluß in Kleinasien.

Calymne, eine Insel im Südwesten Kleinasiens.

Caystrus, ein Fluß in Kleinasien, seiner Schwäne wegen berühmt.

Cephisus, Fluß in Mittelgriechenland.

Ceres, römische Göttin des Ackerbaus und der Feldfrüchte, Mutter der Proserpina.

Ceyx, Gemahl der Alcyone, in einen Eisvogel verwandelt.

Chimäre, ein feuerspeiendes Ungetüm, in Lykien beheimatet.

Chrysolithen, grüne Edelsteine.

Cithäron, Berg in Böotien, auf dem ein Fest des Bacchus gefeiert wurde.

Clarus, eine Stadt in Kleinasien mit Tempel des Apollo.

Clymene, Mutter des Phaethon.

Cöus, Vater der Latona, ein Titane.

Cyane, Nymphe und Quelle bei Syrakus, strömt aus einem Sumpf in den Anapus.

Cybele, eine phrygische Göttin, Mutter des Midas.

Cynthus, Berg auf Delus, der Geburtsstätte des Apollo.

Cythera, eine Insel im Süden Griechenlands, wo Venus, die Mutter des Äneas, aus dem Meer gestiegen sein soll.

Dädalus, athenischer Künstler, Vater des Icarus.

Danae, Mutter des Perseus, zu der sich Jupiter in Gestalt eines goldenen Regens begab.

Danaer, die Griechen vor Troja.

Delphi, die berühmteste Orakelstätte Griechenlands.

Delus, Insel der Kykladen, Geburtsort des Apollo und der Diana.

Deucalion, Bruder und Gatte der Pyrrha, Neuschöpfer des Menschengeschlechts.

Dicte, Gebirge auf Kreta, Geburtsstätte des Jupiter.

Dindyma, ein Berg in Kleinasien.

Dirce, eine Quelle bei Theben.

Dis, Bruder Jupiters, Gemahl der Proserpina, Herrscher der Unterwelt.

Doris, Gattin des Nereus, Mutter der Nereiden.

Echion, Vater des Pentheus, eines Königs von Theben.

Elisch, aus Elis, einer Landschaft im Peloponnes.

Eous, ein Pferd des Sonnengottes.

Ephyra, alter Name für Korinth.

Epimethide, Pyrrha als Tochter des Epimetheus.

Erebus, das Totenreich.

Eridanus, der griechische Name für den Po.

Erymanthus, ein Strom und Berg in Arkadien (Peloponnes).

Eryx, ein Berg an der Westküste Siziliens.

Eumeniden, die Rachegöttinnen.

Eumolpus, Schüler des Orpheus, der in Attika die eleusinischen Mysterien einführte.

Eurotas, Strom in Lacedämon (Peloponnes).

Eurus, der Ostwind.

Faunus, ein römischer Feld- und Waldgott.

Giganten, hundertarmige Riesen, die versuchten, den Himmel zu stürmen, und von Jupiter unter Bergen begraben wurden.

Hämonisch = thessalisch, benannt nach dem

Hämus, Berg in Thessalien.

Hebrus, Fluß in Thrakien.

Helice = der Große Bär, ein Gestirn.

Helicon, Berg in Böotien mit einem Tempel des Apollo, beliebter Aufenthalt der Musen.

Henna, Stadt in Sizilien am See Pergus.

Hercules, wohnte zuletzt in Trachin am Oeta.

Hesperiden, Nymphen, die im äußersten Westen die goldenen Äpfel bewachten.

Hesperien = das Abendland, Italien.

Hesperus, der Abendstern.

Hister, die untere Donau.

Horen = die Stunden, Göttinnen der Jahres- und Tageszeiten.

Hymenäus, der Gott der Vermählung.

Hypäpa, Stadt am Abhang des Tmolus in Lydien (Kleinasien).

Icarus, Sohn des Dädalus, nach dem das Ikarische Meer benannt ist.

Icelus = der Ähnliche, ein Traumgott.

Ida, ein Berg in Kleinasien.

Indiges, römischer Göttername, als der »Einheimische« (nicht richtig) gedeutet.

Iris, Tochter des Thaumas, Göttin des Regenbogens, auf dem sie als Botin der Juno zur Erde gleitet.

Ismarien = Thrakien (nach Ismarus, einem Berg in Thrakien).

Ismenus, ein Fluß bei Theben.

Ixion, Vater des Pirithous, wegen Beleidigung der Juno an ein Rad gefesselt, das sich ewig dreht.

Japetus, ein Titane, Vater des Prometheus.

Julus, Sohn des Äneas, Ahnherr der gens Julia.
Juno, Schwester und Gattin des Jupiter, vor allem Göttin und Schützerin der Ehe.
Jupiter, Herr des Himmels, der oberste der Götter; ihm ist die Eiche geweiht.

Kastalische Höhle, bei Delphi gelegen.
Kikonen, Volk in Thrakien.
Kilikisch, aus der Landschaft Kilikien in Kleinasien.
Kimmerer, sagenhaftes Volk im äußersten Westen.
Korykisch, so wurde eine Höhle am Parnassus nach einer Nymphe Corycia genannt.
Kykladen, Inselgruppe im Ägäischen Meer.

Latona, Tochter des Cöus, Mutter des Apollo und der Diana.
Laurentum, Stadt in Latium.
Lebinthus, eine kleine Insel im Ägäischen Meer.
Lenäus, Beiname des Bacchus.
Lethäa, s. Olenus.
Lethe, Fluß des Vergessens in der Unterwelt.
Liber = Bacchus.
Lucifer, der Morgenstern, Vater des Ceyx.
Luna, Göttin des Mondes.
Lycormas, Fluß in Griechenland.
Lydien, Landschaft im westlichen Kleinasien.
Lykien, Landschaft im südwestlichen Kleinasien.
Mäandrus, Fluß in Kleinasien.
Manto, Tochter des Sehers Tiresias, Priesterin in Theben.
Mäonien, alter Name für Lydien.
Meduse, eine Schreckgestalt, ihr Enkel ist Cerberus, der Höllenhund.
Melas, ein Fluß in Thrakien.
Merops, Gemahl der Clymene, deren Sohn Cadmus ist.
Midas, Sohn der Cybele, König von Phrygien.
Mimas, ein Berg in Kleinasien.
Minerva, Tochter des Jupiter, Göttin der Künste und Wissenschaften = Pallas Athene.
Minos, König von Kreta, Erbauer des Labyrinthes.
Morpheus, Sohn des Schlafes, Traumgott.
Mycale, Berg und Stadt in Phrygien.
Mygdonisch = thrakisch.

Nabatäisch, im Lande der Nabatäer in Arabien.
Najaden, Wassernymphen.
Nektar, der Göttertrank.
Neptun, Gott des Meeres, Träger des Dreizacks.
Nereus, Gemahl der Doris, Meergott, Vater der 50 Nereiden.
Ninus, König von Assyrien.
Niobe, Tochter des Tantalus, Gemahlin des Königs Amphion von Theben.
Numicius, kleiner Fluß in Latium.

Öagrus, Fluß in Thrakien, Vater des Orpheus.

Olenus, Gemahl der Lethäa, die den Zorn der Götter erweckte, weil sie wegen ihrer Schönheit alle Götter verachtete; Olenus bat die Götter, den Zorn auf ihn zu lenken; er wurde mit seiner Gattin zu Stein verwandelt.

Olympus, Berg in Nordgriechenland, Sitz der Götter.

Orion, ein Jäger, der zum Sterne wird und den Regen anzeigt.

Orontes, Fluß in Syrien.

Orpheus, Gemahl der Eurydice, berühmter Sänger aus Thrakien.

Orphne, Mutter des Ascalaphus.

Ortygia, s. Arethusa.

Ossa, Gebirge in Nordgriechenland.

Oeta, Gebirge in Mittelgriechenland.

Othrys, Berg in Nordgriechenland.

Pactolus, goldführender Fluß in Kleinasien.

Palica, Stadt in der Nähe von Syrakus.

Pallas, s. Minerva.

Pan, ein Hirtengott.

Panope, Ort zwischen Theben und Delphi an der Ostgrenze von Phocis.

Parnassus, Berg in Mittelgriechenland, dem Apollo und den Musen heilig.

Parus, eine Insel im Ägäischen Meer.

Parzen, drei Schicksalsgöttinnen, deren Bestimmungen selbst für die Götter unabänderlich sind.

Pelion, Berg in Nordgriechenland.

Pelops, Sohn des Tantalus, der König in Phrygien gewesen war.

Penaten, Schutzgötter des römischen Hauses und Staates.

Peneus, Fluß in Nordgriechenland.

Pergus, See bei Henna in Sizilien.

Persephone = Proserpina.

Phantasus, Bruder des Morpheus, ein Traumgott.

Phasis, Fluß in Kleinasien.

Phegia, Stadt im Peloponnes, an der der Erymanthus vorbeifließt.

Philemon, Gemahl der Baucis.

Phlegethon, ein Fluß der Unterwelt.

Phlegon, ein Pferd des Sonnengottes.

Phöbe = Diana, Göttin der Jagd und des Mondes.

Phobetor, der Erschrecker, ein Traumgott.

Phöbus = Apollo.

Phocis, eine Landschaft in Mittelgriechenland.

Phorbas, Räuber in Phocis.

Phrygien, Landschaft in Kleinasien.

Pindus, Gebirge in Nordgriechenland.

Pirene, Quelle in Korinth.

Pisa, eine Stadt in Elis (Peloponnes).

Pittheus, Sohn des Pelops, König in Argolis (Peloponnes).

Plejaden, Töchter des Atlas, Schwestern der Hyaden, unter die Sterne versetzt.

Pluto, Bruder des Jupiter, Herr der Unterwelt.

Prometheus, Vater des Deucalion, formte Menschen aus Ton.

Proserpina, Tochter des Jupiter und der Ceres, Herrin der Unterwelt und der sprießenden Früchte.

Proteus, ein weissagender Meergott.

Pyrois, ein Pferd des Sonnengottes.

Pyrrha, Tochter des Epimetheus, Gemahlin des Deucalion.

Quirinus, ein Beiname des Romulus.

Rhodope, eine Bergkette auf dem Balkan.

Samus, eine Insel vor Kleinasien.

Sardes, die Hauptstadt von Lydien.

Saturnus, Vater des Jupiter, von diesem vertrieben und in die Unterwelt gestoßen.

Satyrn, übermütige Landgottheiten, Begleiter des Bacchus.

Semiramis, Gattin und Nachfolgerin des Ninus, Königin von Assyrien.

Sidon, phönizische Stadt.

Silenus, der älteste Satyr, Erzieher des Bacchus.

Sipylus, Gebirge in Kleinasien.

Sirenen, Vögel mit Menschengesichtern, locken Schiffer ins Verderben.

Sisyphus, wälzt zur Strafe für seine Räubereien einen Stein auf einen Berg hinauf.

Skythien, das Land nördlich der unteren Donau.

Spercheus, Fluß in Nordgriechenland.

Strymon, ein Fluß in Thrakien.

Styx, ein Fluß der Unterwelt.

Tagus, Fluß in Spanien.

Tanais, ein Fluß in Skythien.

Tänarisch, am Tänaron gelegen, einem Berg im Peloponnes, wo ein Eingang in die Unterwelt war.

Tantalus, Vater der Niobe und des Pelops, König von Phrygien; nach ihm ist ein Sohn der Niobe benannt.

Tartarus, die Unterwelt.

Taurus, ein Gebirge in Kleinasien.

Tellus, die Göttin der Erde.

Tethys, eine Titanin, Mutter der Clymene, Großmutter des Phaethon.

Teuthras, ein König Mysiens in Kleinasien, nach dem die Landschaft Teuthrania benannt ist, durch die der Caicus fließt.

Theben, Hauptstadt Böotiens.

Themis, Göttin der Gerechtigkeit, älteste Inhaberin des delphischen Orakels.

Thermodon, Fluß in Nordkleinasien.

Thrakien, Landschaft auf der Balkanhalbinsel.

Tiber, Fluß Italiens, an dem Rom liegt.

Tiresias, blinder Seher Thebens.

Titane, hier = Phöbus, der Sonnengott, als Sohn eines Titanen.

Titania = Tochter eines Titanen (Pyrrha).

Tmolus, Gebirge in Kleinasien.

Trachin, Stadt am Oeta in Nordgriechenland.

Trinacria = Sizilien.

Triton, ein Meergott, auf einer Muschel blasend.

Tyrisch, aus Tyrus, einer Stadt in Phönizien, die wegen ihres Purpurs berühmt war.

Venus, Göttin der Liebe, Mutter des Äneas.

Vulcanus, Gott des Feuers.

Xanthus, Fluß in der Troas, der während des Trojanischen Krieges von Vulkan in Brand gesetzt wurde.

Zephyrus, der Westwind.

INHALT

Römische Literatur

IN RECLAMS UNIVERSAL-BIBLIOTHEK

Apuleius, *Das Märchen von Amor und Psyche.* Lat./dt. (K. Steinmann) 486 [2]

Augustin, *Bekenntnisse.* (W. Thimme) 2791 [6]

Augustus, *Res gestae / Tatenbericht.* Lat./griech./dt. (M. Giebel) 9773 [2]

Boethius, *Trost der Philosophie.* (K. Büchner / F. Klingner) 3154 [2]

Caesar, *Der Bürgerkrieg.* (M. Deißmann) 1090 [3] – *Der Gallische Krieg.* (M. Deißmann) 1012 [4] – *De bello Gallico / Der Gallische Krieg.* Lat./dt. (M. Deißmann) 9960 [8]

Catull, *Gedichte.* (R. Helm) 6638 [2]

Cicero, *Cato der Ältere über das Greisenalter.* (E. v. Reusner) 803 – *De officiis / Vom pflichtgemäßen Handeln.* Lat./dt. (H. Gunermann) 1889 [5] – *De oratore / Über den Redner.* Lat./dt. (H. Merklin) 6884 [8] – *Drei Reden vor Caesar. Für Marcellus. Für Ligarius. Für den König Deiotarus.* (M. Giebel) 7907 – *Fragmente über die Rechtlichkeit (De legibus).* (K. Büchner) 8319 [2] – *Gespräche in Tusculum.* (O. Gigon) 5027 [5] – *Laelius. Über die Freundschaft.* (R. Feger) 868 – *Rede für Sextus Roscius aus Ameria.* Lat./dt. (G. Krüger) 1148 [2] – *Rede für T. Annius Milo.* Lat./dt. (M. Giebel) 1170 [2] – *Rede über den Oberbefehl des Cn. Pompeius. Rede für Archias.* (O. Schönberger) 8554 – *Über den Staat.* (W. Sontheimer) 7479 [2] – *Vier Reden gegen Catilina.* (D. Klose / K. Büchner) 1236 – *Vier Reden gegen Catilina.* Lat./dt. (D. Klose / K. Büchner) 9399 [2]

Horaz, *Ars poetica / Die Dichtkunst.* Lat./dt. (E. Schäfer) 9421 – *Gedichte und Lieder.* (W. Plankl) 7708 – *Sermones / Satiren.* Lat./dt. (K. Büchner) 431 [3]

Juvenal, *Satiren.* (H. C. Schnur) 8598 [2]

Livius, *Römische Geschichte. Der Zweite Punische Krieg.* (W. Sontheimer) I. Teil. 21.–22. Buch. 2109 [2] – II. Teil. 23.–25. Buch. 2111 [2] – III. Teil. 26.–30. Buch. 2113 [3]

Lukrez, *De rerum natura / Welt aus Atomen.* Lat./dt. (K. Büchner) 4257 [8]

Marc Aurel, *Selbstbetrachtungen.* (A. Wittstock) 1241 [2]

Martial, *Epigramme.* (H. C. Schnur) 1611 [3]

Minucius Felix, *Octavius.* Lat./dt. (B. Kytzler) 9860 [3]

Cornelius Nepos, *Atticus*. Lat./dt. (R. Feger) 994

Ovid, *Metamorphosen*. Epos in 15 Büchern. (H. Breitenbach / L. P. Wilkinson) 356 [8] – *Verwandlungen*. Auswahl. (W. Plankl / K. Vretska) 7711

Petron, *Satyricon*. (H. C. Schnur) 8533 [3]

Phaedrus, *Liber Fabularum / Fabelbuch*. Lat./dt. (Fr. Rückert / O. Schönberger) 1144 [3]

Plautus, *Aulularia/Goldtopfkomödie*. Lat./dt. (H. Rädle) 9898 [2] – *Captivi (Die Kriegsgefangenen)*. (A. Thierfelder) 7059 – *Epidikus (Jedesmal die Falsche)*. (A. Thierfelder) 8583 – *Miles Gloriosus*. (A. Thierfelder) 2520 – *Poenulus (Der Onkel aus Afrika)*. (A. Thierfelder) 8779

Plinius der Jüngere, *Briefe*. (M. Schuster) 7787

Quintilian, *Institutio oratoria X. / Lehrbuch der Redekunst. 10. Buch*. Lat./dt. (F. Loretto) 2956 [2]

Sallust, *Bellum Iugurthinum / Der Krieg mit Jugurtha*. Lat./dt. (K. Büchner) 948 [3] – *Historiae / Zeitgeschichte*. Lat./dt. (O. Leggewie) 9796 – *Die Verschwörung des Catilina*. (K. Büchner) 889 – *De coniuratione Catilinae / Die Verschwörung des Catilina*. Lat./dt. (K. Büchner) 9428 [2] – *Zwei politische Briefe an Caesar*. Lat./dt. (K. Büchner) 7436

Seneca, *De brevitate vitae / Von der Kürze des Lebens*. Lat./dt. (J. Feix) 1847 – *De clementia / Über die Güte*. Lat./dt. (K. Büchner) 8385 [2] – *Epistulae morales ad Lucilium, Liber I / Briefe an Lucilius über Ethik, 1. Buch*. Lat./dt. (F. Loretto) 2132 – *Oedipus*. Lat./dt. (K. Heldmann) 9717 [2] – *Vom glückseligen Leben und andere Schriften*. Auswahl. (L. Rumpel / P. Jaerisch) 7790 [2]

Sueton, *Nero*. Lat./dt. (M. Giebel) 6692 [2]

Tacitus, *Agricola*. Lat./dt. (R. Feger) 836 [2] – *Annalen I–VI*. (W. Sontheimer) 2457 [4] – *Annalen XI–XVI*. (W. Sontheimer) 2642 [4] – *Dialog über die Redner*. (H. Gugel) 3728 – *Germania* (M. Fuhrmann) 726 – *Germania*. Lat./dt. (M. Fuhrmann) 9391 [2]

Terenz, *Adelphoe / Die Brüder*. Lat./dt. (H. Rädle) 9848 [2] – *Andria*. Lat./dt. (T. L. Wullen) 9345 [2] – *Der Eunuch*. (A. Thierfelder) 1868

Vergil, *Aeneis*. (W. Plankl / K. Vretska) 221 [4] – *Hirtengedichte (Eklogen)*. (H. C. Schnur) 637

Die Namen in Klammern geben die Übersetzer bzw. Herausgeber an.

Philipp Reclam jun. Stuttgart